Weert Canzler, Andreas Knie, Lisa Ruhrort, Christian Scherf
Erloschene Liebe? Das Auto in der Verkehrswende

W0196005

X-Texte zu Kultur und Gesellschaft

Weert Canzler, Andreas Knie,
Lisa Ruhrort, Christian Scherf

Erloschene Liebe?
Das Auto in der Verkehrswende

Soziologische Deutungen

[transcript]

Bibliografische Information der Deutschen Nationalbibliothek
Die Deutsche Nationalbibliothek verzeichnet diese Publikation in der Deutschen Nationalbibliografie; detaillierte bibliografische Daten sind im Internet über http://dnb.d-nb.de abrufbar.

Umschlaggestaltung: Maria Arndt, Bielefeld
Korrektorat: Mandy Fleer, Bielefeld
Satz: Justine Buri, Bielefeld
Druck: Majuskel Medienproduktion GmbH, Wetzlar
Print-ISBN 978-3-8376-4568-2
PDF-ISBN 978-3-8394-4568-6
EPUB-ISBN 978-3-7328-4568-2

Gedruckt auf alterungsbeständigem Papier mit chlorfrei gebleichtem Zellstoff.
Besuchen Sie uns im Internet: *https://www.transcript-verlag.de*
Bitte fordern Sie unser Gesamtverzeichnis und andere Broschüren an unter: *info@transcript-verlag.de*

Inhalt

1. Einleitung: Das Auto ist politisch

Verkehr war in den letzten Jahrzehnten kein wirklich bewegendes Thema. Über Verkehr dachte man nicht nach, Verkehr funktionierte, er war gleichsam eine Basisfunktionalität. Schlagzeilen produzierte das Thema Verkehr immer nur dann, wenn über Megastaus, spektakuläre Unfälle oder über die Eröffnung gigantischer Brücken oder Tunnel zu berichten war. Und es schien immer alles schon so gewesen zu sein. Dass in den Städten die Zahl der Autos beständig wuchs, der Verkehr immer mehr stockte und Lärm und Luftverschmutzung verursachte, gehörte seit den 1970ern zur Alltagserfahrung. Es war ärgerlich, aber politisch nicht wirklich relevant, die jeweiligen Regierungen empfahlen in einem immer wiederkehrenden rhetorischen Ritual der Bevölkerung, doch öfter Busse und Bahnen zu benutzen.

Verkehr war nicht wirklich ein gesellschaftspolitischer Gegenstand und das, obwohl das Bundesverkehrsministerium den größten Investitionshaushalt verwaltete. Das Ringen um Finanzierungsstrategien für die verkehrlichen Infrastrukturen und um Entscheidungen, für welche Straße das Geld nun wirklich fließen sollte, blieb einem kleinen Kreis von Fachleuten vorbehalten. Den *Bundesverkehrswegeplan*, das größte Investitionspaket Deutschlands, durch den die verkehrspolitischen Weichen für die kommenden zehn bis fünfzehn Jahre gestellt werden, kennt bis heute kaum einer, und schon gar nicht streitet eine breite Öffentlichkeit darüber.

Verkehrspolitik zu betreiben war auch für eine Politikerkarrie-
re[1] nicht förderlich, sie blieb damit eine Angelegenheit der zweiten
und dritten Reihe. Die Dinge lagen klar. Besonders in Deutschland, dem vermeintlichen Automobilland. Alle konnten eigene
Autos fahren, auf dem Lande, in den Siedlungs – und Agglo-
merationsgebieten und sogar in den Städten. In West und Ost
liebten die Deutschen ihre Autos, entwickelten bisweilen sogar
eine eigene Identität als *Daimler-, Ford-, BMW-* oder *Opel-Fahrer.*
Viele Deutsche in Ost und West schätzten ihr Auto so sehr, dass
sie um dieses technische Gerät herum ganze Biographien auf-
bauten. Das *Auto im Kopf* machte ein Leben möglich, das eine
Befreiung von bisher wahrgenommenen Abhängigkeiten erlaub-
te. Man war nicht mehr unmittelbar an die Örtlichkeit gebunden
und konnte sich aus räumlichen und sozialen Zwängen gleicher-
maßen befreien. Alles ganz selbstverständlich.

Wer nicht fahren durfte oder wollte, konnte auf den öffentlichen Personennah- und Fernverkehr als Alternative zurückgrei-
fen, der in Deutschland als Teil der staatlichen Daseinsvorsorge
galt – und nach wie vor gilt – und daher fast flächendeckend verfügbar ist. Für alle war gesorgt, alle konnten sich bewegen und die
meisten mit dem Auto kleine und große Welten erkunden.

Dabei war die Geschichte des privaten Automobils keineswegs eine ununterbrochene Erfolgsstory. Kaum noch präsent im
kollektiven Gedächtnis des geeinten Deutschlands ist die Ölkrise
von 1973. Die damals arabisch dominierte Organisation erdölex-
portierender Länder, kurz OPEC, das Kartell der Ölförderländer,
hatte deutlich gemacht, dass der westdeutsche Volkswohlstand
nur durch die Versorgung mit billigem Öl aus dem Nahen Osten
funktionierte. Alleine die Andeutung eines möglichen Ölboykotts
versetzte die Westdeutschen damals in Panik. Immerhin bescher-
te die dann tatsächlich vorgenommene leichte Drosselung der Öl-
lieferungen den Menschen ein Experiment: An vier Sonntagen
im November und Dezember 1973 galt ein Fahrverbot für alle pri-

---

[1] | Auch wenn oftmals – wie in diesem Fall – nur die männliche, manch-
mal auch nur die weibliche Form verwendet wird, sind immer alle Ge-
schlechter gemeint.

vaten Autos, was die Gesellschaft im Übrigen schadlos überstand. Den Autoherstellern führte dies erstmals vor Augen, wie groß die Abhängigkeit von der Verbrennungsmotorentechnologie war. Die Suche nach alternativen Antrieben begann, sie wurde systematisch in einem bisher nicht gekannten Umfang und – für die Branche bis dato nicht üblich – in neu gegründeten Forschungsinstituten betrieben. Doch nur wenige Jahre später wurde der antriebstechnische Aufbruch schon wieder abgeblasen, denn der Ölpreis war nicht wie befürchtet gestiegen und auch die OPEC wurde nicht mehr als so bedrohlich wahrgenommen, weil sie weniger geschlossen auftrat als erwartet. Trotz solcher Irritationen funktionierten Alltag und Politik reibungslos. Die Menschen konnten sich bewegen, das politische System generierte genügend finanzielle Mittel, um sicherzustellen, dass die soziale Mobilität jedenfalls nicht an fehlenden Möglichkeiten räumlicher Beweglichkeit scheitern würde. Es gab praktisch keinen Streit, keine politische Debatte um diesen Weg. Das Auto war gesetzt. Die Förderung dieses Fortbewegungsmittels beruhte auf einem langen und stabilen gesellschaftlichen Konsens. Der Verkehr insgesamt, seine Infrastrukturen, die Verkehrsmittel und ihr Verhältnis zueinander, und die Art und Weise, wie diese zu finanzieren und zu betreiben waren, waren offenkundig kein Thema für die politische Debatte. Dies änderte sich auch nach der Wiedervereinigung nicht. Die *Verkehrsprojekte Deutsche Einheit* sollten vielmehr garantieren, dass die neuen Bundesländer in Sachen Verkehrsinfrastruktur schnell Westniveau erreichen.

Verkehr war über Jahrzehnte auch kein Gegenstand der sozialwissenschaftlichen Forschung. Eine Verkehrssoziologie hat sich als akademisches Fach bis heute nicht behaupten können. Bei so vielen Selbstverständlichkeiten und stabilen sozialen und politischen Übereinkünften gab es wenig Gründe, hinter die Kulissen zu schauen und Konflikte oder Interessenkämpfe zu analysieren und zu deuten. So war das jedenfalls viele Jahre lang, und es gab in dieser Frage auch zwischen Ost und West keine prinzipiellen, sondern lediglich – freilich deutlich sichtbare – graduelle Unterschiede. Das Auto und der Verkehr waren daher mehr Gegenstand von historischen und kulturwissenschaftlichen Forschungen wie beispielsweise die viel beachteten Arbeiten »Die Liebe zum Automobil« von Wolfgang Sachs (1984) oder »Geschichte der Eisenbahnreise« von Wolfgang Schivelbusch (1977).

Der Dieselskandal als Zäsur?

Mittlerweile bewegt sich etwas. Schon seit den 2000er Jahren wird deutlich, dass die unhinterfragte, scheinbare Stabilität des Systems zu bröckeln beginnt. Es ist die stetig wachsende Zahl der Autos auf den Straßen, die zum Problem wird. Die eingefahrenen und etablierten Lösungsmuster versagen angesichts der Automassen. Eine Politik, die auf Appelle als Politikersatz setzt, reicht auf Dauer eben doch nicht aus. Dem automobilen Massenverkehr immer mehr Platz einzuräumen und neue Straßen zu bauen oder alte zu verbreitern, dieses Reaktionsmuster stößt ebenfalls an seine Grenzen. Die Belastung durch Lärm und Abgase lassen sich nicht mehr leugnen oder wegdiskutieren. Die Folgen der Massenmotorisierung werden sichtbar und mehr und mehr auch öffentlich diskutiert. In vielen Städten gründen sich Bürgerinitiativen, die mehr Platz für andere Verkehrsmittel, insbesondere für das Fahrrad fordern.

Die beobachtbaren Legitimationsprobleme des Autos haben nicht nur, aber auch mit seiner vorherrschenden Antriebstechnik zu tun. Denn fast alle verfügen über Verbrennungsmotoren, die trotz moderner Abgasreinigung in Summe die Luftqualität so sehr belasten, dass die Grenzwerte der Europäischen Union (EU) in mehr als 80 Städten regelmäßig überschritten werden. Als sich dann im September 2016 herausstellte, dass VW nicht nur in den Vereinigten Staaten unerlaubte Manipulationen an Abgasreinigungsanlagen vorgenommen hatte, sondern dass dies auch in Deutschland bei allen Herstellern praktiziert wurde, verlor die Autoindustrie als Garant wirtschaftlicher Stabilität in Deutschland an Ansehen. Der Dieselskandal mit seinen Folgen bedroht nicht nur die Gesundheit vieler Menschen, sondern er ist auch ein Vertrauensproblem. Denn mit der Entpolitisierung der Verkehrspolitik, wie sie Deutschland erlebt hat, geht eigentlich die

Gewissheit einher, dass Automobilhersteller über genügend Innovationsfähigkeit und entsprechende wirtschaftliche Kraft verfügen, um mit neuester Technik die Folgen der Massenmotorisierung immer wieder kompensieren zu können. Jetzt wird deutlich, dass es den Vorständen dieser Kernindustrie an moralischer Integrität mangelt. Das Grundvertrauen in die Autoindustrie ist zerstört. Erstmals in der Nachkriegsgeschichte sitzen Vorstände im Gefängnis. Waren Autobesitzer bislang durch ihre Technikbegeisterung und ihre Liebe zum Auto mit den Herstellern und Marken verbunden, drohen Käufer nun zu Komplizen von Betrügern zu werden.

Seit dem Dieselskandal wird deutlich, wie *eingefroren* die Verkehrspolitik tatsächlich ist und wie die herrschenden Verhältnisse als geradezu *natürlich gegeben* fest in den Köpfen verankert sind. Als das Bundesverwaltungsgericht im Februar 2018 verkündete, dass das Recht auf gesundheitliche Unversehrtheit höher zu bewerten sei als die Freiheit, jederzeit und überall mit einem Dieselfahrzeug unterwegs zu sein, reagierten manche in Medien und Politik, als drohte das Abendland unterzugehen.

Ein Beispiel für die Unfähigkeit der Politik zeigte sich ausgerechnet in der Berliner Landespolitik. Im Sommer 2018 verabschiedete der Senat als erste Landesregierung ein *Mobilitätsgesetz*, in dem die Absicht formuliert ist, dem Verkehrsmittel Fahrrad mehr Fläche als bisher einzuräumen und zukünftig die Entwicklung des Nahverkehrs stärker zu unterstützen. Bei der Opposition und bei Teilen der Sozialdemokratie brach ein Sturm der Entrüstung los. Das Gesetz würde dem Auto zu wenig Aufmerksamkeit widmen, so lautete der Vorwurf. Das Automobil gilt noch immer als das Maß aller Dinge in der Verkehrspolitik. Politisch Verantwortliche tun so, als ob Deutschland das Automobil in die DNA eingeschrieben, die Liebe zum Auto geradezu naturgegeben ist. So als hätte es nie eine Alternative gegeben und werde auch keine geben.

Dabei ist dieser Zustand das Resultat eines politisch hergestellten Prozesses. Straßen mussten gebaut, Rechtsordnungen geschaffen, eine Bau- und Raumgestaltung, die die Bevorrechtigung im Straßenverkehr sicherstellt, angepasst und Finanzierungs-

und Steuermodelle zur Popularisierung des Autos etabliert werden. Das ungehinderte Fahren und Abstellen von privaten Autos, ganz gleich ob auf dem Land oder in der Stadt, ist also keineswegs *entstanden*, sondern absichtsvoll und aktiv erzeugt worden. Wer allerdings heute in einer Stadt in Deutschland das Ende des freien Parkens privater Autos diskutieren möchte, wird angesehen wie jemand, der die Gesetze der Thermodynamik in Frage stellt.

Das Auto – so ein erstes Zwischenfazit – ist tief in den mentalen Strukturen der Deutschen eingebrannt und dem politischen Diskurs als unhinterfragte Selbstverständlichkeit gleichsam entzogen. Die Gewissheiten sind jedoch erschüttert, da mit dem Auto im wahrsten Sinne des Wortes kein Staat mehr zu machen ist. Die einst so stolzen Fahrzeugmodelle sind technologisch offenkundig nicht mehr maßgebend, die schiere Menge an Autos auf den Straßen nicht mehr zu bändigen, realistische Alternativen scheinbar auch nicht in Sicht.

Aber ist das wirklich so? Begreifen wir das Auto als einen wichtigen Teil unserer familiären Welt, eng verbunden mit dem eigenen Häuschen und dem eigenen Garten? Oder steht das eigene Auto als Symbol für einen Traum vom gelungenen Leben, der längst ausgeträumt ist? War im eigenen Auto – techniksoziologisch ausgedrückt – das Narrativ einer Nachkriegsordnung vom glücklichen privaten Leben eingeschrieben, das mittlerweile jedoch seine Überzeugungskraft verloren hat? Zunächst ist zu konstatieren: Selbst wenn die Liebe zum Automobil erkaltet oder gar erloschen ist, ist für die Mehrheit der Bevölkerung ein Leben ohne eigenes Auto schwer vorstellbar.

Wir werden heute mit den Folgen politischer Entscheidungen aus früheren Jahrzehnten konfrontiert. Der Wunsch nach einem privaten Auto als Teil des vollkommenen Familienglücks wurde viele Jahrzehnte durch eine Reihe weitreichender Gesetzeswerke und Finanzierungsformen ermöglicht und stabilisiert. Während sich aber die Familienbilder und Lebensformen veränderten, blieb das Automobil als geschützter und gehegter materialisierter Kern dieses Politikversprechens unangetastet. Wenn sich längst Selbstverständnisse, Glücksversprechen und die Werteordnung verschoben haben, wir in der post-materialistischen Gesellschaft angekommen sind oder gar in einer *Zweiten Moderne* leben, in der sich die Lebensentwürfe individueller und pluraler entwickeln und die gesellschaftliche Differenzierung weiter voranschreitet, könnte das Haltbarkeitsdatum einer auf das Auto fixierten Verkehrspolitik abgelaufen sein. In der Praxis wird dies aber nicht zur Kenntnis genommen. Alle Gesetze, Verordnungen und Unterstützungsstrukturen zur Dominanzwerdung des Autos sind weiter ungebrochen wirksam. Diese Diskrepanz zwischen gesellschaftlicher Realität und gesetzlichen Regelungen wird jedoch politisch nicht diskutiert, weil die ursprüngliche Absicht ihrer politischen Implementierung nicht erkennbar ist.

Andererseits könnte man einwenden: Wenn heute eine andere, vielfältigere, mehrdeutige Gesellschaft existiert, deren Wertevorstellungen und Lebensentwürfe sich gegenüber der Nachkriegsgesellschaft gewandelt haben, dann müssten sich auch Alternativen zum privaten Automobil entdecken und politikfähig machen lassen. Denn mit diesem Wandel wachsen mutmaßlich auch die Gruppen in der Gesellschaft, die sich von einer automobilfixierten Verkehrspolitik nicht mehr angesprochen fühlen, die mehr Grün in den Städten wollen, mehr Platz für Fußgänger und Fahrradfahrer einklagen und die den Lärm und Gestank an den Durchgangsstraßen nicht hinnehmen wollen.

Dieses Buch handelt von der Liebe der Deutschen zum Automobil und wie sie langsam erlischt. Diese Liebe, die es einmal gab, ist nicht zufällig und keineswegs spontan zustande gekommen, sondern das Ergebnis eines langfristigen politischen Projektes und eines lange wirksamen gesellschaftlichen Leitbildes. Damit wurde eine Flut von Automobilen produziert, die zur Belastung wurde und aus dem Liebesverhältnis mittlerweile eine Alltagsbeziehung gemacht hat, die sich langsam zu einem Problem entwickelt.

Soweit die Ist-Diagnose. Doch wie wandlungsfähig ist die deutsche Gesellschaft vor diesem Hintergrund betrachtet? Und wie kann die Verkehrspolitik aus ihrer institutionellen Verkrustung und strukturellen Politikunfähigkeit wieder zu einem gesellschaftspolitischen Gestaltungsfeld werden? Lassen sich zeitgemäße

Verkehrsformen finden, die die hohe räumliche Beweglichkeit der Menschen sozial gerecht und nachhaltig gestalten und die Vielfalt der Verkehrsoptionen auch in einem entsprechend neu ausgestalteten Ordnungs- und Finanzierungsrahmen widerspiegeln? Hätte ein solcher Politikentwurf die Kraft, über das Auto als Fixpunkt hinauszukommen?

Wie wandlungsfähig ist Deutschland?

Im Sommer 2018 scheint eine Art Götterdämmerung heraufzuziehen. Lange Unhinterfragtes und scheinbar Hochstabiles gerät plötzlich über Nacht ins Wanken. Deutschland ist kein gefühlter Fußball-Dauer-Weltmeister mehr, die Kanzlerin scheint nicht bis in alle Ewigkeit regieren zu können und die Union als Fraktionsgemeinschaft nicht für immer zu existieren. Vielleicht gilt dies ja auch für das private Auto.

Betrachtet man die schiere Menge und die immer noch weiter steigende Zahl an Autos, erscheint es schwer vorstellbar, dass überhaupt ein Wandel stattfinden könnte. Die Denkblockaden setzen immer noch sehr schnell ein. Wenn weniger Autos verkauft würden, was wäre dann mit den Arbeitsplätzen? Wie würde man von seinem Einfamilienhaus im Grünen zu seiner Arbeitsstelle kommen oder in den Urlaub und was ist mit dem Wochenendeinkauf? Wer sollte ein alternatives Verkehrsangebot im großen Stil überhaupt aufbauen? Und wie könnte dies funktionieren? Es sind diese Fragen und Zweifel, die sofort aufkommen, sobald Zukunftsvisionen von einer Mobilität mit deutlich weniger privatem Autoverkehr entwickelt werden. Unsere kollektive Phantasie ist bisher nicht darauf eingestellt, sich eine andere Realität als die der ständig wachsenden Menge an Autos vorzustellen. Die Schere im Kopf ist ständig da und hat scharfe Klingen.

Und es stimmt: Der Wandel eines großen technischen Systems wie des Verkehrssystems ist extrem voraussetzungsvoll – er kommt nicht automatisch und nicht von heute auf morgen. Zur Entpolitisierung der Verkehrspolitik gehörte es ja gerade, dass Alternativen als undenkbar und damit auch als nicht verhandelbar galten. Dies gilt im Übrigen für jede Veränderung sozialer

Strukturen, nicht nur für die technisch-materiellen Infrastrukturen der Gesellschaft. Sozialer Wandel passiert nur dann, wenn genügend Druck entsteht, um Veränderungen der bisher gültigen Strukturen herbeizuführen. Oftmals entsteht dieser Druck durch soziale Bewegungen – man denke an die Frauenbewegung, die langsam aber sicher die Geschlechterverhältnisse verändert hat. Oder an die Umweltbewegung, die über Jahrzehnte dazu beigetragen hat, dass ökologische Belange überhaupt zum Bestandteil des kollektiv akzeptierten politisch-gesellschaftlichen Zielkanons geworden sind.

Große Infrastruktursysteme, zu denen auch der Verkehr und das Auto gehören, sind schon aufgrund ihres Umfangs und ihrer Komplexität durch eine hohe Pfadabhängigkeit und Stabilität geprägt. Als techniksoziologischer Gegenstand wurden diese Systeme auch durchaus in den Sozialwissenschaften erforscht. Beispielsweise haben Renate Mayntz (1993) oder auch Bernward Joerges (1992) große technische Systemwelten untersucht, die, einmal installiert, durch eine Reihe von gleichsam eingebauten Stabilisatoren kaum mehr ins Wanken zu bringen sind. Sie gehören zum institutionellen Erbe einer Gesellschaft. Klaus Kuhm (1999) bezeichnete speziell die Automobilität in Anlehnung an die luhmannsche Systemtheorie sogar als »autopoietisches System«, das sich selbst reproduziert. Frank Geels (2012) spricht von einem »sozio-technischen Regime« der Automobilität und betont damit, dass es sich hierbei um ein verfestigtes Produkt sozialer Aushandlungsprozesse handelt.

Das Auto ist ja nicht nur ein einzelnes Fahrzeug, sondern es ist Teil eines vielfältigen, mehrfach vernetzten und räumlich tief gestaffelten Systems, zu dem materielle Infrastrukturen wie Autobahnen, Autostraßen und Verkehrsregelungen bis hin zu Ampelschaltungen wie auch die auf das Auto ausgerichteten Raumstrukturen gehören: Einfamilienhaussiedlungen am Stadtrand, Gewerbegebiete und Shopping-Center auf der grünen Wiese sowie ganze Ballungsräume mit weitläufigen Einzugsgebieten. Strukturen, die über viele Jahre gewachsen, gelebt und durch die dazugehörigen Anreizmechanismen wie Eigenheimzulage, Entfernungspauschale und zweckgebundener Mineralölsteuer stabilisiert wurden. Dazu gesellen sich noch weitere Stabilisatoren: von den wirtschaftlichen Interessen der Unternehmen und der Arbeitnehmerinnen und Arbeitnehmer und deren Gewerkschaften, die auf das private Auto fokussiert sind, bis zu sozialen Erwartungen und Normen, die wie schon beschrieben als »mentale Infrastrukturen« (Welzer 2011) das bauliche und rechtliche Fundament noch weiter zementieren. Explizite Vorstellungen darüber, wie Fortbewegung technisch ermöglicht werden sollte, existieren gar nicht, jedenfalls nicht als gesellschaftspolitisch zu debattierende mögliche Alternativen.

Frank Geels hat nun eine Erklärung geliefert, unter welchen Bedingungen die starren Strukturen dennoch wieder in Bewegung geraten können. In seinem Modell gibt es neben der jeweils dominanten technischen Formation, zum Beispiel dem Automobil, zwei weitere Ebenen, von denen wirksame Impulse zur Veränderung ausgehen können: Auf der einen Seite muss eine umfassende und langfristige Entwicklung auf der gesellschaftlichen Makroebene entstehen, die nach und nach die Bedingungen für die Stabilität eines etablierten »Regimes« verändern können. Dies sind zum Beispiel langfristige Trends wie die Individualisierung und die Pluralisierung von Lebensstilen und -modellen, der demographische Wandel oder der Klimawandel und dessen politische Implikationen. Auf der anderen Seite stehen für Geels die Bemühungen von verschiedenen kleineren und größeren Akteuren, die abseits des etablierten Regimes stehen und dessen Veränderung anstreben. Geels spricht dabei von »Nischen«, in denen immer wieder Alternativen zum Bestehenden entwickelt, getestet und am Markt erprobt werden – in der Hoffnung, dass die Nischeninnovation zum neuen Mainstream und damit das vorhandene »Regime« mit seinen festgefügten Interessens- und Akteursstrukturen verändert wird. In der Regel bleiben diese Nischenimpulse lange Zeit ohne erkennbare Effekte, da diese Innovationen nicht auf breiter Basis sichtbar und nicht als Teil der kollektiven Strukturen gelten können (vgl. Geels 1992). Denn die Mechanismen des Regimes bleiben auf die Förderung und Erhaltung des Bestehenden fixiert: Elektroautos zum Beispiel haben es noch immer schwer, weil die technische Basis für deren massenhafte Produktion und durchgängigen Betrieb nicht verfügbar ist. Die gesamte Infrastruktur ist auf den Betrieb von Autos mit Verbrennungsmotor ausgerichtet: vom Tankstellennetz bis hin zur Subvention für Dieselkraftstoff. Selbst das bei den Nutzern vorherrschende Bild der Rennreiselimousine, nämlich die Vorstellung von einem Auto, das alle Verwendungen in einem Gerät abdeckt und im Falle eines Falles auch mehrere hundert Kilometer fahren kann, feiert weiterhin fröhlich Urständ.

Innovative Nischenimpulse haben es unter den herrschenden Regime-Bedingungen also immer schwer, selbst wenn sie, wie im Fall von Tesla oder Uber, von Akteuren mit beträchtlichen finanziellen Mitteln gepusht werden und auch Aufmerksamkeit in der Öffentlichkeit genießen. Geels geht davon aus, dass es dennoch Chancen für einen Wandel gibt. Nämlich dann, wenn sich Möglichkeitsfenster öffnen, die für einen begrenzten Zeitraum besonders günstige Bedingungen für eine Nischeninnovation schaffen (ebd.). Ein solches Möglichkeitsfenster kann sich zum Beispiel durch ein besonders einschneidendes Ereignis öffnen. Der Atomunfall von Fukushima wird immer wieder als Beispiel dafür angeführt, wie ein unerwartetes Ereignis plötzlich die Voraussetzungen für politische Schlüsselentscheidungen – in diesem Fall den Ausstieg aus der Atomkraft und die Aufwertung der Erneuerbaren Energien – verändern kann. Allerdings müssen im Fall des Automobils die Nischenanwendungen zu dem Zeitpunkt, zu dem sich das Möglichkeitsfenster öffnet, dann auch in einer Art und Weise entwickelt und verfügbar sein, dass sie skalierbar sind, ihren *tipping point* erreichen und damit aus der Nische heraustreten.

Ganz ähnlich argumentiert der britische Soziologe John Urry. Nach seiner These kann sich das Verkehrssystem nur dann grundlegend wandeln, wenn mehrere Faktoren zusammenkommen und sich gegenseitig verstärken (vgl. Urry 2007). Das ist der Fall, wenn neue technische Optionen nutzbar sind, die von potenten Akteuren in den Markt geschoben und angeboten werden können, und wenn gleichzeitig der Druck auf der politischen Ebene zur Regulierung der Folgen des Massenverkehrs zunimmt und sich kulturelle Prägungen und Präferenzen gegenüber den Alternativen zum Auto verändern.

Die – bisher überschaubare – sozialwissenschaftliche Literatur zur Verkehrswende beschreibt also nicht nur die sich selbst stabilisierenden Elemente, sondern stärkt durchaus auch Aussichten auf Chancen für Veränderungen. Es muss auf politischer, technischer, gesellschaftlicher und kultureller Ebene gleichzeitig eine Bereitschaft zum Wandel vorhanden und es müssen Alternativen präsent und verfügbar sein. Es braucht also Druck auf das System und Optionen im System selbst, die dann auf eine Bereitschaft zu Veränderungen von Routinen treffen müssen. Allen Vorschlägen gemeinsam ist jedenfalls die Bedingung, dass es überhaupt Alternativen gibt, über deren Wert und Durchsetzungschancen man dann auch politisch streiten kann, die aber auch in sozialen Praktiken neu stabilisiert werden können. Prüft man dahingehend die Situation in Deutschland, wie sie sich im Sommer 2018 zeigt, dann scheinen die wichtigsten Ingredienzien für einen Wandel vorhanden zu sein. Die Werteordnung hat sich genauso verändert wie die Sozialstruktur. Seit Jahren existieren verkehrliche Alternativen, ob es das E-Auto ist, das Rad, diverse Sharing-Angebote sowie generell die auf digitalen Plattformen angebotenen Services. Neben dem Auto gibt es nach wie vor Busse und Bahnen im Nah- und Fernverkehr. Hinzu kommt ein steigender Druck, mehr für die Absenkung der Schadstoffgrenzwerte zu tun, und die generelle Erkenntnis, dass sich die zur Rettung des Weltklimas notwendigen CO_2-Einsparungen mit der bisher herrschenden Technik nicht erreichen lassen. Schließlich haben sich Garanten des Status quo wie die deutschen Autohersteller durch ihr Verhalten moralisch diskreditiert. Es wäre also angerichtet für eine Wende. Aber wie kann sie in Gang kommen?

Verkehrswende und gesellschaftliche Modernisierung

Eine re-politisierte Verkehrspolitik würde bedeuten, dass die Frage des politischen Auftrags und des dahinterliegenden Narrativs neu zu stellen ist: Wie sieht der Traum vom guten Leben heute aus? Abgeleitet aus einem gesellschaftlichen Wertekonsens, könnte das Ziel der Verkehrspolitik zukünftig darin bestehen, dass sich Menschen, unabhängig von Herkunft, Status und Vermögen, frei bewegen können. Im Unterschied zu den vergangenen fünf Jahrzehnten kann dies vielfältiger geschehen und die für den Verkehr eingesetzten Ressourcen sind sorgfältiger daraufhin zu prüfen, wie sie klima- und umweltverträglich verwendet werden können. An die Stelle des paternalistischen Daseinsvorsorgekonzepts aus den 1930er Jahren tritt die Idee der staatlichen Gewährleistung. Dieses Verständnis setzt stärker auf Eigeninitiative und Selbstregulierung, ohne die Schutzbedürftigkeit Schwacher aufzugeben. Auch der Gewährleistungsstaat ist kein neoliberaler Nachtwächterstaat, sondern ein organisiertes Gemeinwesen, das politische Fragen neu stellt, die Suche nach Antworten aber nicht ausschließlich als staatliche Intervention begreift. Die zentralen Fragen in diesem Zusammenhang sind: Wem gehört die Stadt, wer beherrscht den öffentlichen Raum, was ist das Schutzgut bei der Regelung der Verkehrsverhältnisse?

Die Veränderung im Verkehr, die Verkehrswende, müsste also eingebettet sein in eine gesellschaftspolitische Reformbewegung, von dieser zehren und diese im Gegenzug auch wieder unterstützen. Es geht um nicht weniger als um das Projekt der Moderne. Es würde weitergetrieben, indem die Verbindung von Freiheit, Vielfalt und Nachhaltigkeit fortentwickelt würde und durch Aufteilung des öffentlichen Raumes und die Bereitstellung von Zugängen im verkehrlichen Bereich die Basis dafür geschaffen würde, dass sich auch die soziale Mobilität erhöht, sich die gesellschaftlichen Verkrustungen auflösen und die Durchlässigkeit zwischen Schichten und Klassen zunimmt.

Die Herausbildung moderner Gesellschaften war eng mit dem Verkehr und der durch ihn einfacheren Raumüberwindung verbunden. Der Verkehr hat schon einmal die Bedingungen für eine soziale Differenzierung und eine gesellschaftliche Modernisierung geschaffen, warum sollten eine neue multioptionale, digital vernetzte, regenerativ betriebene und kollektiv nutzbare Verkehrslandschaft nicht erneut der Ausgangspunkt für eine gesellschaftliche Modernisierung sein? Wie kann ein solcher Entwurf auf die Alltagswelt der Menschen heruntergebrochen und in den Büros eines Tiefbauamtes realisiert werden, in denen bekanntlich jede Vision endet? Berücksichtigt man die verfügbaren Optionen und die herrschenden Machtverhältnisse, wird es bei jeder Zukunftsvision notwendigerweise wieder an erster Stelle um das Automobil gehen. Doch die Verfügbarkeit und die Nutzungsmuster werden sich durch und durch verändern. Die private Aneignung und die Zugehörigkeit eines privaten Autos zu einem Haushalt als Eigentum werden obsolet. Autos werden zu Gebrauchsgegenständen. Die Politik realisiert als Norm das, was das Auto jetzt schon in Ansätzen ist: eine *Commodity*, eine markenlose Ware wie Gas, Wasser, Strom. Was markenfähig ist und bleibt, ist die Art und Weise der Bereitstellung und der Integration in intermodale Angebote und Dienstleistungen. Dies gilt nicht nur für die große Stadt. Auch in den für Deutschland so typischen kleinstädtischen Siedlungsgebieten und ländlichen Räumen ist das Automobil zukünftig nicht mehr automatisch Privatbesitz. Dem Auto wird das Exklusive genommen, es wird Teil einer kollektiven Verfügungsmasse.

Was utopisch klingt, ist längst Teil sozialer Nischenpraktiken und hat somit die Chance zur Norm zu werden. Der zu einer erfolgreichen Verkehrswende führende Weg zeichnet sich ab: Im ersten Schritt wird das Abstellen privater Autos genauso viel kosten wie die öffentliche Bewirtschaftung des dafür notwendigen Parkraums. Tiefgaragen oder private Parkräume werden nicht mehr beziehungsweise nur streng reglementiert genehmigt. Ausnahmen gibt es nur für Fahrzeuge, die gemeinschaftlich genutzt werden. Im zweiten Schritt wird die Nutzung der Straßen bepreist. Und zwar alle Straßen, von den Bundesautobahnen über die Bundes- und Landesstraßen bis hin zu den Gemeindewegen. Technisch und regulatorisch kann das ohne Probleme eingeführt werden. Gemeinschaftliche Autos zahlen einen reduzierten Tarif. Wer also im regulierten Verkehrsmarkt unterwegs ist – und der umfasst alle öffentlichen Straßen und Räume – wird zukünftig für ein privates und damit exklusiv genutztes Fahrzeug sehr viel mehr bezahlen müssen. Die Möglichkeiten der Digitalwirtschaft und des mobilen Internets machen die technische Realisierung schon jetzt möglich. Die neue Welt kommt also nicht ohne Autos, aber ohne den Privatbesitz an Autos aus. So entsteht im wörtlichen Sinne neuer Platz für die verkehrliche Vielfalt und für ein höheres Maß an Beweglichkeit.

Neben der Bewirtschaftung des öffentlichen Raumes – insbesondere der öffentlichen Straßen und der zu Parkplätzen erklärten Flächen – kommt als dritte Komponente noch die Neuerfindung des öffentlichen Verkehrs hinzu. Der gewährleistende Staat überträgt den Betreibern des öffentlichen Verkehrs die Aufgabe, auf digitalen Plattformen den Verkehr so zu orchestrieren, dass Busse und Bahnen ihre Leistungsfähigkeit in den Stoßzeiten ausspielen, dass aber die Flexibilität und Zugänglichkeit rund um die Uhr an jedem Tag gegeben ist. Der öffentliche Personennahverkehr, kurz ÖPNV, ist damit kein unter dem Schutzschirm der Daseinsvorsorge mit goldenen Fesseln gebremster Resteverwerter, sondern die Regieanstalt für den gesamten Verkehr in Ballungsräumen.

Der Grund zur Annahme, dass die Verwandlung des Privatautos in ein kollektives Nutzungsgut, eingebettet in eine intermodale Angebotsstruktur, eine erfolgversprechende Transformationsperspektive sein könnte, liegt an dem höheren Grad an individualisierter Nutzung, die dieser Wandel ermöglicht. Vorausgesetzt, die Angebote sind verfügbar, dann können individuelle Lebens- und damit auch Bewegungsformen in dieser Nutzungsperspektive besser realisiert werden als in einem privaten Auto, das im Stau steckt, um das man sich aufwendig kümmern muss und das dennoch oftmals nicht dort steht, wo es gerade gebraucht wird.

Ziel des Buches ist es, diesen Plan nach Ende der Lektüre als plausibel und umsetzungsfähig erscheinen zu lassen und auf den Funken zu hoffen, der die Realisierung zündet.

2. Das Auto als Freiheitsversprechen

2.1 DIE AUTOMOBILE FREIHEIT UND IHRE GRENZEN

Die Situation scheint paradox. Über 67 Millionen Kraftfahrzeuge haben alleine in Deutschland Ende 2017 eine Zulassung. Das heißt, theoretisch stehen 82 Millionen Bürgern weit mehr als 200 Millionen Sitzplätze zur Verfügung. Bis Ende 2018 kommen noch mehr als 3,2 Millionen neu zugelassene Pkw dazu. Die Attraktivität des eigenen Autos ist offenbar ungebrochen. Dabei wissen alle, dass die Flut an Autos viel Platz benötigt, den öffentlichen Raum zerstört und viele straßennahe Wohnlagen unattraktiv macht. In den Ballungszentren sind die Straßen chronisch verstopft, die Stauzeiten haben einen volkswirtschaftlich bedenklichen Umfang angenommen, der Begriff Parksuchverkehr hat es von einem Fachwort zu einer Alltagsbeschreibung geschafft. Selbst in kleinen und mittelgroßen Städten ist das Klagen über den dichten Autoverkehr gang und gäbe. Die Grenzen der automobilen Freiheit sind längst erreicht. Es gibt einfach viel zu viele Autos. Die automobile Freiheit droht am eigenen Erfolg zu ersticken.

Klar ist auch, dass der Autoverkehr den Klimawandel beschleunigt. Kein Sektor ist so weit entfernt von dem Ziel, Treibhausgasemissionen zu senken wie der Verkehr. Während der letzten 25 Jahre sind diese Emissionen im Verkehr sogar leicht gestiegen, während es in allen anderen Sektoren Fortschritte gab, sogar in der Landwirtschaft. Nur im Verkehr, präziser: im motorisierten Straßenverkehr, tut sich in Sachen Einsparungen von CO_2 gar nichts. Von Dekarbonisierung kann keine Rede sein, der Anteil der Erneuerbaren Energien im gesamten Verkehrsmarkt ist sogar von 5,8 Prozent im Jahre 2010 auf unter 5 Prozent Ende 2016 gesunken (vgl. Agora Verkehrswende 2017: 11).

Glaubwürdigkeit verloren

Staus und der Status eines Klimakillers kratzen am Image des Autos. Hinzu kommt, dass die lange Zeit hoch angesehene Autoindustrie in eine tiefe Glaubwürdigkeitskrise geraten ist. Der Dieselskandal ist nicht nur ein umfassender und perfider Betrug. Gesetzliche Grenzwertauflagen wurden bewusst und systematisch umgangen, die Kunden getäuscht. Der Dieselskandal zeigt auch, dass weder die gewünschten Verbrauchs- noch die vorgeschriebenen Emissionsgrenzwerte im Realbetrieb zu schaffen sind. Eine manipulierte Steuerungssoftware, die auf das Erkennen von Prüfstandsituationen hin getrimmt war, in denen eine optimale Abgasnachbereitung zuverlässig funktionieren musste, diente der Industrie als Hilfsmittel, um die Grenzwerte scheinbar zu unterschreiten. Im Laufe des Software-Betruges kamen weitere unliebsame Details ans Tageslicht, die bis dahin nur in Fachkreisen bekannt waren. Beispielsweise die ganz legale Nutzung eines so genannten Thermofensters. So werden die Temperaturbereiche genannt, außerhalb derer die Stickoxid-Abgasreinigung zum Schutz der Motoren laut Gesetz nicht vollständig funktionieren muss. Argumentiert wird, dass *abgasführende Bauteile* bei zu niedrigen oder zu hohen Temperaturen leiden und die Reinigungsanlagen dann abgeschaltet werden dürfen. Was allerdings als zu niedrig oder zu hoch einzuschätzen ist, legte die Autoindustrie selbst fest. Die gesetzlich geforderten Laboruntersuchungen zu den Abgastests fanden übrigens bei angenehmen 23 Grad statt, also unter Idealbedingungen, die man im wirklichen Leben selten hat. In Deutschland beträgt die jährliche Durchschnittstemperatur weniger als 9 Grad.

Darüber hinaus wurde der breiteren Öffentlichkeit bewusst, dass es zwischen den Herstellerangaben zum Kraftstoffverbrauch und den realen Verbräuchen eine große Kluft gibt, die in den vergangenen Jahren eher größer als kleiner geworden ist. Zwar beklagt der International Council on Clean Transportation (ICCT), eine

Nichtregierungsorganisation, die unabhängige Emissionsmessungen durchführt, diese Lücke schon länger, aber mittlerweile hat sie eine Differenz von durchschnittlich 40 Prozent festgestellt (vgl. ICCT 2015). Bei einer Herstellerangabe von 6 Litern Treibstoffverbrauch auf 100 Kilometer ist daher mit tatsächlich 8,5 Litern zu rechnen. Doch wurden diese unabhängig erhobenen Messergebnisse erst in dem Moment von der Öffentlichkeit wahrgenommen, als im Laufe des Dieselskandals ein breiter Unmut über die generelle Desinformation der deutschen Autohersteller aufgekommen war. Vehement forderten ADAC und Verbraucherverbände nun die Hersteller auf, doch endlich die *wirklichen* Abgas- und Verbrauchswerte auf den Tisch zu legen.

Die Glaubwürdigkeit der Autohersteller ist beschädigt, zu offensichtlich sind die Ausflüchte und Lügen, man habe von Manipulationen einzelner Mitarbeiter nichts gewusst. Auch die Deutungsmacht der Wissenschaftler in den Instituten für Verbrennungsmotortechniken, die traditionell eine enge Zusammenarbeit mit der Fahrzeugindustrie pflegen, bröckelt. Das wird nicht zuletzt an der strategisch hochrelevanten Bewertung des Dieselantriebs als angeblicher Problemlöser für die unvermeidlichen Reduktionen bei den CO_2-Emissionen deutlich. Über mehr als zwei Jahrzehnte hat man die Dominanz des Dieselantriebes und die Ausgrenzung alternativer Antriebsvarianten mit diesem Argument begründet. Die Community der Verbrennungsmotortechniker hat nunmehr große Mühe, ihre These vom *klimafreundlichen Dieselantrieb* weiterhin plausibel zu machen. Für Dieselkritiker ist der lange behauptete circa 20prozentige Verbrauchs- und damit auch Klimavorteil des Diesels gegenüber dem Benziner Vergangenheit (vgl. Butler 2017). Das mag vor zwanzig Jahren gestimmt haben, mittlerweile sind Benziner jedoch deutlich effizienter geworden, während die zusätzlichen Reinigungsprozeduren beim Diesel, um den Feinstaub und die Stickoxide in den Griff zu kriegen, den Verbrauch steigern. Zudem ist der Energieaufwand für die Produktion eines Dieselaggregats und auch sein Gewicht etwas höher als beim Benziner, was eine am Lebenszyklus orientierte Gesamt-CO_2-Bilanz zusätzlich verschlechtert. Alles in allem ist die CO_2-Bilanz bei beiden Verbrennungsmotorenvarianten mittlerweile auf einem vergleichbaren Niveau. Kritiker verweisen darauf, dass der Dieselantrieb für die Hersteller Vorteile bei der Anrechnung für die Erreichung der EU-Flottengrenzwerte bringt. Treibt der Diesel einen schweren Wagen an, darf er mehr verbrauchen. Dieser Grundsatz wurde auf Drängen der deutschen Industrie in die Flottengrenzwertberechnung aufgenommen und hat zusätzlich dafür gesorgt, dass gerade die großen SUVs mit einem Selbstzünder verkauft werden. Der Umweltjournalist Joachim Wille macht die Gewicht-CO_2-Grenzwerte-Rechnung am Beispiel eines Mittelklasse-SUV aus dem Hause Volkswagen auf:»So darf ein Auto mit dem Gewicht des Benzin-Tiguan 135 Gramm pro Kilometer emittieren, sein schwereres Dieselpendant hingegen 139 Gramm. Die Menge an CO_2, die der jeweilige Wagen im Test darunter liegt, wird dem Hersteller als Bonus gutgeschrieben: Beim Benzin-Tiguan sind es 3 Gramm, beim Diesel hingegen satte 16.« (Wille 2017) Diese Grenzwertarithmetik wirkt in Kombination mit dem reduzierten Steuersatz auf Dieselkraftstoff – ob nun beabsichtigt oder nicht – wie ein »staatlich subventionierter Dieselboom« (Dudenhöffer 2016: 68).

Die wachsende Flotte immer größerer Fahrzeuge ist das Ergebnis veränderten Nachfrageverhaltens. Aber das Nachfrageverhalten hat auch mit (Fehl-)Anreizen zu tun. Dazu zwei Beispiele: das Dienstwagenprivileg in Kombination mit einer optionalen Betriebskostenverrechnung für Selbständige und die Flottengrenzwertberechnung nach Gewicht. Beim Dienstwagenprivileg führt geschicktes Verhandeln des (meistens außertariflich bezahlten) Beschäftigten mit seinem Arbeitgeber dazu, dass ein Dienstwagen – mit einer pauschalen steuerlichen Abgeltung von 1 Prozent des Listenpreises – nicht nur zum Entlohnungsbestandteil wird, sondern auch über den Betrieb gewartet – und sogar betankt – wird. Der Dienstwagen wird zum lukrativen Bestandteil des Arbeitsvertrages und beide Seiten reduzieren die Sozialversicherungsanteile und die Arbeitnehmer sparen sogar noch etwas Lohnsteuer. Je teurer das Fahrzeug umso größer die Entlastung. Kein Wunder also, dass die meisten Dienstwagen aus der oberen Mittelklasse kommen. Ähnlich verfahren auch gerne Selbständige wie Architekten, Steuerberater oder Unternehmensinhaber. Sie lassen das Firmenauto als Betriebsaufwendung laufen. Je teurer das Auto, umso größer die Steuerersparnis. Versuchen aber Unternehmen alternativ zum Dienstwagen andere Modelle, beispielsweise ein *Mobilitätsbudget* anzubieten, also einen Mix aus Fernbahn, ÖPNV, Car- und Bikesharing, wird durch die geltenden Besteuerungsregeln die Abrechnung für Arbeitgeber und Arbeitnehmer so komplex, dass jede Motivation bereits im Keim erstickt wird. Obwohl solche Angebote bereits seit mehr als zehn Jahren diskutiert werden, weigert sich das Bundesfinanzministerium beharrlich, die geltende Steuerpraxis zu modifizieren. Eine Veränderung besteht lediglich darin, dass es mittlerweile auch möglich ist, ein Fahrrad als *Dienstrad* zu versteuern und damit Sozialabgaben zu sparen.

Das Auto als Raumfresser

Glaubwürdigkeit und Deutungsmacht der Autohersteller sind in den antriebstechnischen Kernfragen bereits mächtig angekratzt. Im laufenden Diskurs um das zukünftige Verkehrssystem geht es aber nicht alleine um die Frage des passenden Antriebskonzeptes im Automobil. Klimaziele und Schadstoffemissionen sind nicht die einzigen Herausforderungen. Der motorisierte Individualverkehr braucht viel zu viel Platz. Der massenhafte Individualverkehr kommt schon seit Jahren in den Metropolen der Welt an seine Grenze, wenn er sie nicht längst überschritten hat. Es stockt und staut sich, die Luft ist schlecht und an Platz fehlt es auch. Die Stimmen, die erklären, dass sich die Aufenthaltsqualität in der Stadt nur durch weniger Autos, weniger Lärm und eine größere Auswahl an Mobilitätsoptionen verbessern wird, werden lauter. Das Auto steht als dominantes Verkehrsmittel erstmals zur Disposition. Der Deutsche Städtetag – in früheren Jahren immer um eine ausgleichende Position bemüht – bezieht mittlerweile eindeutig Stellung: »Der ÖPNV muss zusammen mit dem Fuß- und Radverkehr und in den ÖPNV eingebundene Sharing-Systeme das Rückgrat des städtischen Verkehrs bilden und Teile des motorisierten Individualverkehrs ablösen.« (Deutscher Städtetag 2018: 9) Dies ist ein klares Statement und ein eindeutiger Aufruf, das Feld der Verkehrspolitik zu re-politisieren.

In Deutschland wie auch in anderen Staaten hat das Planungsideal der *autogerechten Stadt* offenkundig ausgedient. Die Einführungskapitel der Stadtentwicklungspläne klingen mittlerweile überall ganz ähnlich, in allen werden ein Zurückdrängen des Autos, die Förderung des öffentlichen Verkehrs und meistens auch die Unterstützung für den *aktiven Verkehr* zu Fuß und mit dem Fahrrad gefordert. Die Rhetorik hat sich verändert. Aber die Wirklichkeit sieht oft ganz anders aus. Selbst in Fahrradhochburgen wie Münster oder Freiburg oder im ÖPNV-Mekka Wien zerschneiden mehrspurige Autostraßen nach wie vor den öffentlichen Raum, Parkplätze und Tiefgaragen fressen wertvolle Flächen auf. Der Anteil des motorisierten Individualverkehrs bei den Personenkilometern macht deutschlandweit immer noch 75 Prozent aus (BMVI 2018, siehe auch Abb. 1). In großen Städten liegt der Anteil der Autos an den gefahrenen Kilometern ebenfalls noch mit durchschnittlich 45 Prozent weit vor dem des ÖPNV (ebd.). Aber die weiter wachsende Flotte der Fahrzeuge erhöht auch den Parkdruck. Die durchschnittlichen Stehzeiten privater Autos liegen mittlerweile bei mehr als 23 Stunden am Tag, die Auslastung geht ständig zurück und beträgt 2017 kaum mehr als 1,1 Personen pro Auto (InnoZ 2017).

Abbildung 1: Anteil der Personenkilometer in Deutschland 2017

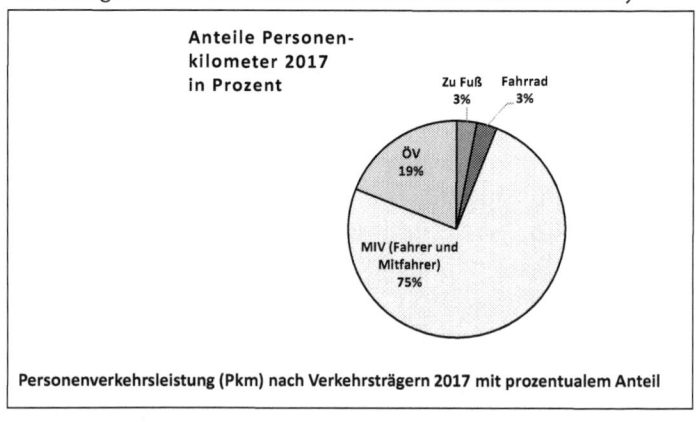

Anteile Personenkilometer 2017 in Prozent

Zu Fuß 3%   Fahrrad 3%

ÖV 19%

MIV (Fahrer und Mitfahrer) 75%

Personenverkehrsleistung (Pkm) nach Verkehrsträgern 2017 mit prozentualem Anteil

Quelle: BMVI 2018: 13

Angesichts einer anhaltenden Urbanisierung steigt daher der Druck, den städtischen Raum besser zu nutzen. Schlecht oder gar nicht vergütete öffentliche Parkplätze kann sich künftig keine wachsende Stadt mehr leisten. Zum einen geht es darum, durch eine systematische und kostenorientierte Parkraumbewirtschaftung den Kostendeckungsgrad zu erhöhen, der nach Schätzungen europaweit im Schnitt bei gerade einmal einem Viertel liegt. Zum anderen wird die Frage immer dringlicher, wer überhaupt den öffentlichen Raum zukünftig nutzen soll? Die alte Idee, dass der Straßenraum von Automobilen dominiert wird, kann bei der steigenden Bedeutung anderer Verkehrsmittel nicht weiter fortgeführt werden. Denn es ist nicht mehr zu rechtfertigen, dass kaum genutzte private Automobile mit einer benötigten Grundfläche von mindestens 10 Quadratmetern ohne oder für eine geringe symbolische Gebühr den öffentlichen Raum in Beschlag nehmen, während für dringend benötigte Wohnungen, Schulen oder andere Infrastrukturen keine Flächen zur Verfügung stehen.

Zu viele und zu große Fahrzeuge

Ohne Zweifel wurden in den letzten Jahrzehnten die Antriebe effizienter, auch wurden Gewichtseinsparungen mit leichteren Materialien erreicht und im Luftkanal windschnittigere Fahrzeugdesigns entwickelt. Auf Fachtagungen feiert sich die Branche gerne für ihre Effizienzerfolge. In der Tat bauen die deutschen Automobilhersteller spezifisch effizientere Fahrzeuge als etwa die amerikanischen Konkurrenten. Aber zugleich gingen die Effizienzgewinne wieder verloren, weil die Autos im Durchschnitt laufend größer, schneller und höher wurden. Die 2016 neu zugelassenen Pkw in Deutschland verfügten durchschnittlich über Antriebsaggregate von mehr als 140 PS, damit konnte man in den 1960er Jahren noch Autowettrennen gewinnen. Die Anteile der Segmente verschoben sich weg von den Kleinwagen-Modellen und der unteren Mittelklasse hin zu den übergewichtigen SUVs und übermotorisierten Ober- und oberen Mittelklassewagen. Insgesamt wurden daher im Verkehrssektor weder Energieeinsparungen noch die dringend gewünschten Reduktionen bei den Treibhausgasemissionen erreicht (vgl. Lange, Santorius 2018). Sichtbares Zeichen für die verloren gegangene Effizienz des Automobils ist die Stausituation auf bundesdeutschen Straßen. Stauhäufigkeiten und Staulängen sind trotz Infrastrukturausbau, ausgefeilter Verkehrssteuerung und zunehmend flexiblerer Arbeitszeiten nicht geringer geworden. Im Gegenteil: Staus nehmen sogar zu, im Jahr 2017 stockten nach Angaben des ADAC die Autos auf deutschen Straßen jeden Tag durchschnittlich auf mehr als 4.000 Kilometern (ADAC 2018). Die kumulierten Zeitverluste für die Autofahrenden erreichen im letzten Jahr eineinhalb volle Tage im Jahr, wobei dies nur eine Durchschnittszahl ist und die enorme Bandbreite der Staubetroffenheit verdeckt. Vor allem Pendler in Ballungsgebieten, die in Rushhour-Zeiten fahren, müssen noch viel größere Zeitverluste durch Verkehrsstockungen in Kauf nehmen.

Der Stau demonstriert das kollektive Scheitern einer entpolitisierten Verkehrspolitik. Eine Balance zwischen Infrastrukturangeboten und Nutzungswünschen lässt sich offenbar nicht mehr herstellen. Dem Bedarf nach noch mehr Straßen stehen finanz- und raumordnungspolitische Interessen entgegen. Denn auch wenn ein Verkehrszuwachs durch Neubauten von Straßen gar nicht intendiert ist, scheint dies der Normalfall zu sein. Eine Erklärung dafür könnte sein, dass ein bestehendes Straßennetz mit jeder Erweiterung attraktiver wird und damit zu neuen Fahrten verleitet und den Umstieg auf andere Verkehrsmittel zusätzlich erschwert. Das gilt zwar nur so lange, bis auch das neue, erweiterte Straßennetz überlastet ist. In der Zwischenzeit haben sich jedoch die automobilen Nutzungsmuster weiter verfestigt und eine Rückkehr zum Status quo ante unwahrscheinlicher gemacht. Zusätzliche Verkehrswege und der so induzierte Verkehr sind Bestandteile einer Wachstumsspirale, die erst dann an ihr Ende kommt, wenn der Raum für zusätzliche Verkehrsflächen nicht mehr vorhanden ist und es eine harte Konkurrenz um seine Nutzung gibt (vgl. Becker 2016). Dann wird Verkehrspolitik wieder politisch, das heißt, es muss um Alternativen gerungen werden.

Das ist ganz ähnlich beim ruhenden Verkehr. Denn auch Parkraum ist endlich und je dichter eine Stadt besiedelt ist, desto größer und vielfältiger sind die Ansprüche insbesondere an den öffentlichen Raum. Knappe Parkflächen und teure Stellplätze führen unter anderem zu einem steigenden Suchverkehr nach Parkplätzen. Die Schätzungen sind unsicher und gehen auch weit auseinander, aber in den Großstädten macht der Parksuchverkehr mittlerweile einen erheblichen Anteil des Verkehrsaufwandes aus. Auch hier ist eine Grenze für eine weitere Zunahme von Fahrzeugen erreicht (ebd.).

Exkurs: Mobilität und Raum

Moderne Raum- und Stadtgestaltung wurden seit den 1930er Jahren durch die Leitidee der Funktionstrennung geprägt. Im Gegensatz zu vormodernen Zeiten sollten Arbeiten, Wohnen und Konsum bzw. Erholung räumlich entzerrt werden. In der *Charta von Athen* haben engagierte Architekten und Stadtplaner formuliert, wie sie sich die moderne Stadt vorstellen (vgl. Hilpert 2014). Darin haben sie gefordert, dass dem Verkehr – und da war die Massenmotorisierung schon mitgedacht, auch wenn es Autos in privater Hand noch kaum gab – ein eigener ausreichender Raum gegeben werden müsse. Denn die getrennten städtischen Funktionsbereiche sollten einfach und für jedermann zu erreichen sein. Die Charta von Athen bildete die gedankliche Grundlage für das Leitbild von der *autogerechten Stadt*, das Mitte des 20. Jahrhunderts dominant werden sollte.

Wo es nur ging, wurden bestehende Städte autogerecht umgestaltet, neue Städte und Stadtquartiere von vornherein so geplant. Besonders in den vom Zweiten Weltkrieg zerstörten europäischen Städten richtete sich der Wiederaufbau nicht nach dem historischen Muster, sondern nach den Vorgaben der autogerechten Stadt. Das ist umso bemerkenswerter, da Automobile in nennenswerter Zahl gar nicht existierten. Es handelte sich um eine *infrastrukturelle Vorleistung* der Städte. Das Kalkül ging auf, denn in den 1960er Jahren setzte tatsächlich eine breite Motorisierung ein (siehe Canzler, Knie 2018: 17ff.).

Die Strategie der Funktionstrennung auf der Basis der Planungsmaxime der autogerechten Stadt war ein weltweiter Erfolg und ist auch weiter wirkungsmächtig. Damit wurde eine städtische Wirklichkeit geschaffen, die nicht einfach wieder revidiert werden kann. Obwohl das Leitbild der autogerechten Stadt bei Stadtplanern und Verkehrsfachleuten längst obsolet ist, bleiben die Entscheidungen prägend. Als gebaute Infrastruktur sind Autostraßen, Brücken, Tunnel und Parkplätze *einfach da*. Sie werden in Stand gehalten, sie müssen ihre Aufgabe erfüllen. Verkehrsplaner sind daher in einer widersprüchlichen Lage. Die Grenzen der autogerechten Stadt sind längst erkannt, aber es wird tagtäglich dafür gesorgt, dass sie weiter funktioniert.

Die Ergebnisse der erfolgreichen Umsetzung des Leitbildes der autogerechten Stadt bestimmen aber nicht nur das Aussehen der Städte. Zugleich prägen sie die Vorstellungskraft der Stadtbewohner. Bis heute. Es fällt schwer, sich gleichsam *kontrafaktisch* eine andere gebaute Umwelt vorzustellen. Es ist eine der bedeutsamsten Nebeneffekte der Massenmotorisierung und der daran angepassten Infra- und Siedlungsstruktur, dass sie als gegeben erscheint, sie gilt als selbstverständlich und alternativlos.

Dabei sind Raumstrukturen auch nur das Ergebnis von Planungen, die auf der Grundlage politischer Entscheidungen getroffen wurden. Der lange zeitliche Vorlauf von Infrastruktur- und Bauprojekten legt für einen langen Zeitabschnitt auch die Verkehrsnutzung fest. Insofern ist die Raumplanung entscheidend dafür, wie attraktiv verschiedene Verkehrsoptionen überhaupt sein können und wie letztlich die Präferenzen der Bewohner ausfallen. Das Beispiel der Suburbanisierung zeigt das: Wenn heute Wohngebiete jenseits von Schienenanschlüssen ausgewiesen werden, dann entsteht morgen Autoverkehr.

Aber nicht nur die tatsächlich real existierende gebaute Umwelt und die dadurch geprägten Vorstellungswelten stabilisieren diese Strukturen. Aufbauend auf dem Leitbild der autogerechten Stadt sind auch die rechtlichen Grundlagen der Raum- und Stadtplanung festgelegt und die Funktionstrennung als grundlegendes Element in der Bauordnung festgeschrieben. Dabei existieren viele der Gründe für die Einführung der Funktionstrennung heute nicht mehr. Die Belastungen einer dreckigen, lauten und teilweisen giftigen frühindustriellen Produktion sind heute verschwunden. Viele Dienstleistungsbranchen und digitalisierte Fertigungsformen lassen sich durchaus mit Wohnen und Erholung verbinden. Eine Mischung von Arbeiten, Wohnen und Freizeit wäre in vielen innerstädtischen Quartieren heute wieder realisierbar und böte neue Optionen für eine kompakte Stadtgestaltung. Doch das physische, mentale und rechtliche Erbe der Charta von Athen fixiert weiterhin die Ideenlandschaft der späten 1920er Jahre und erzeugt eine Realität, deren Sinnhaftigkeit heute kaum noch gegeben ist. Wer heute in Deutschland ein Gebäude plant, eine Siedlung oder ein Gewerbegebiet entwirft, wird mit der Erblast der Charta konfrontiert und muss sich um Stellplatzschlüssel kümmern, auf Funktionsentmischungen achten und ausreichend Straßen für die Erschließung bauen. Eine Abkehr von der Vorstellung vom Auto als Massenmotorisierungsmittel wird daher auch nicht ohne eine grundlegende politische Reform der Raum- und Siedlungsplanung funktionieren.

Vor einem Paradigmenwechsel?

Nach Jahrzehnten der uneingeschränkten Dominanz des Autos, in denen es mit erheblicher politischer Unterstützung zum Leitmedium des Verkehrs geworden ist, zeigen sich seine Grenzen. Obwohl in der zweiten Hälfte des 20. Jahrhunderts konsequent und parteienübergreifend ein autofreundlicher Rahmen geschaffen wurde, der von der Infrastruktur und der Stellplatzpflicht bei Neubauten über ein autofreundliches Straßenverkehrsrecht bis zum Dienstwagenprivileg und einer Entfernungspauschale in der Einkommensteuererklärung reicht, sind die Aussichten auf eine Verkehrswende alles andere als sicher.

Das an das private Auto geknüpfte Freiheitsversprechen konnte lange glaubhaft vermittelt werden, inzwischen hat es an Überzeugungskraft eingebüßt. Die externen Effekte seiner massenhaften Nutzung sind zum Problem geworden. Vor allem weil der Anteil an den klimaschädlichen CO_2-Emissionen nicht gesunken ist und das Auto als Hauptverursacher gesundheitsschädlicher

Schadstoffausträge in den Städten gilt. Die Negativeffekte einer Hochmotorisierung und einer Überversorgung mit Automobilen sind vor allem in den Städten nicht mehr zu übersehen. Absurd ist der immense Flächenbedarf der privaten Autos. Im Stau zu stehen und langwierig einen Parkplatz zu suchen, wird im Zeitalter digitaler Medien kaum als Zugewinn persönlicher Freiheit empfunden. Alternativen zum privaten Auto, die flexibler sind und zudem – je nach Situation – verschiedene Optionen bieten, gewinnen demgegenüber an Attraktivität.

Es beginnt so etwas wie eine Re-Politisierung der Verkehrspolitik. Die vorhandenen Realitäten werden in Frage gestellt, Alternativen gesucht und ermöglicht. Dafür müssen aber die Bedingungen und Voraussetzungen für den Autoverkehr geändert werden. Angesichts der beschriebenen Pfadabhängigkeiten kein einfaches Unterfangen. Aber der beschriebene Problemdruck, die mittlerweile vorhandenen Alternativen und die steigende Bereitschaft der Menschen in den Städten, die Dominanz des Automobils zurückzuschrauben zu wollen, bieten vor allen Dingen den Kommunen neue Optionen. So hat zum Beispiel Paris begonnen, die innerstädtischen Autostraßen an der Seine zu Flanierräumen und Radwegen umzubauen. Madrid ist seit Herbst 2018 Schritt für Schritt dabei, die komplette Innenstadt für Autos zu sperren, die nicht auf Anwohner zugelassen sind. Ausgenommen davon sind Zero-Emission-Fahrzeuge und angemeldete Besucher. Oslo will ab 2021 gar keine Fahrzeuge mit Verbrennungsmotoren mehr in die Stadt lassen, auch nicht von Anwohnern und Gewerbetreibenden. Kopenhagen und Utrecht setzen eine Fahrradförderstrategie um, die darin besteht, jährlich mindestens 1 Prozent der bisher für Kfz vorgehaltenen Flächen für den Radverkehr umzuwidmen. London schließlich hat eine erhebliche Ausweitung seiner seit 2003 bestehenden Mautzone beschlossen und finanziert aus den Mauteinnahmen ein Milliardenprogramm für mehr Busse und eine eigene Fahrradinfrastruktur.

Alle Städte in diesem Wettbewerb der Ent-Privilegierung des privaten Autos erhoffen sich eine bessere Luft und weniger Lärm, aber auch weniger Stau und sinnlosen Parksuchverkehr. Oft entwickeln Kommunen zudem ehrgeizige Klimaziele, die nur mit

weniger Autoverkehr zu erreichen sind, der auf fossilen Brennstoffen beruht. Vor allem aber versprechen sich die Städte eine höhere Lebensqualität und damit einen Vorteil im globalen Standort-
wettbewerb. Im internationalen Wettbewerb um die Ansiedlung
von Unternehmen und Hochqualifizierten werden die Kriterien
für eine lebenswerte Stadt neu definiert. Neben den Mietkosten
und dem lokalen Bildungs- und Kulturangebot sind es vor allem
die Freizeit- und Aufenthaltsqualität sowie die Verkehrssituation,
die die Attraktivität von Städten und Regionen ausmachen. Dabei
wird erkennbar, dass schnelle Erreichbarkeit heute nicht mehr
durch Massenmotorisierung gewährleistet werden kann.

Während in den Metropolen der Welt an der Eindämmung der
Folgen der Massenmotorisierung gearbeitet und erste Rückbau-
aktionen realisiert werden, bleiben deutsche Städte – entgegen der
verbreiteten Rhetorik – der Tradition der Charta von Athen ver-
haftet. Zwar hat beispielsweise Berlin im Sommer 2018 ein Mobilitätsgesetz verabschiedet, in dem man sich explizit zur Vielfalt
der Verkehrsmittel bekennt und der Ausbau der Infrastrukturen
für das Rad sowie eine stärkere Förderung des öffentlichen Verkehrs festgeschrieben wird. Gleichzeitig tut die Stadt sich schwer,
die vorhandene Flächendominanz des Autos tatsächlich einzu-
schränken. In Deutschlands Hauptstadt werden überhaupt nur
knapp 10 Prozent der Fläche bewirtschaftet, das heißt, auf mehr
als 90 Prozent des öffentlichen Raumes können Fahrzeuge völlig
unentgeltlich und ohne jede zeitliche Beschränkung abgestellt
werden (vgl. Berlin, SenUVK, 2018).

2.2 Die politische Herstellung der deutschen Autogesellschaft

Mit Blick auf den erreichten Stand der Massenmotorisierung fällt
es schwer zu glauben, aber das Auto fiel auch in Deutschland
nicht vom Himmel. Die automobile Gesellschaft zeichnet sich dadurch aus, dass sie auf einer langanhaltenden Interessensgemein-
schaft von Industrie, Staat und Kundschaft beruht, die aber nicht
zufällig zustande kam.

Diese strukturelle Interessenübereinkunft ist nicht so ungewöhnlich. Es gibt sie beispielsweise auch bei der Förderung und Verstromung von Kohle. Zechenbetreiber und Staat haben den Bestand deutscher Bergwerke über lange Zeit gesichert, selbst als der Kohlebergbau aus ökonomischen und ökologischen Gründen nicht mehr zu rechtfertigen war. Für den Braunkohletagebau gilt dies bis heute. In der Automobilwirtschaft liegt aber die Besonderheit darin, dass die Interessen der Bürgerinnen und Bürger selbst zum Bestandteil des Komplexes wurden, Autos müssen schließlich gekauft und gefahren werden. Dieser Komplex aus Herstellern, Politik und Kundschaft beruht aber nicht nur auf Macht und Interessen, sondern ist darüber hinaus auch alltagspraktisch und emotional verankert. Diese Verbindung, für hohe Stabilität sorgend, ist jedoch ebenfalls das Ergebnis eines jahrzehntelangen politischen Prozesses, der bis in die 1920er Jahre des vorigen Jahrhunderts zurückreicht. Im Unterschied zur Geschichte der Kohle, die sich in Deutschland absehbar dem Ende zuneigt, ist die des privaten Automobils auf Basis fossiler Ressourcen noch nicht zu Ende erzählt. Diese Geschichte ist nur von ihren Anfängen her zu verstehen. Bemerkenswert daran ist, dass nicht die Industrie das Auto forderte und nicht Bürgerinnen und Bürger den entscheidenden Impuls zur Geschichte eines massenhaften Konsumgutes gaben, sondern der Staat die Schlüsselrolle spielte und dem Auto wortwörtlich den Boden bereitete.

Deutschland – ein Spätzünder?

Bis in die 1950er Jahre war Deutschland keineswegs das Land des Automobils. Es dominierten die Eisenbahn und das Fahrrad sowie lange Zeit auch noch Pferd und Wagen. Der motorisierte Privatverkehr auf der Straße bestand nur aus Zweirädern und Kleinfahrzeugen. Ab 1926 stieg das Kraftrad – und nicht der Pkw – zum wichtigsten Individualverkehrsmittel in Deutschland auf (vgl. Lay 1994: 162). Kurz vor dem Zweiten Weltkrieg hatte Deutschland den größten Motorradbestand weltweit (vgl. Merki 2008: 56). Das Motorrad war daher das Verkehrsmittel, das zur Einübung und Gewöhnung der individuellen Motorisierung diente und damit an die noch zu schildernde Fahrradwelle anknüpfte. Das Kraftrad galt daher viele Jahre als das »Auto des kleinen Mannes« (vgl. Kuhm 1997: 50f.). Retroperspektiv mag es heute so erscheinen, als habe der Erfolg des Automobils in Deutschland nahtlos an den Erfolg der Krafträder angeschlossen. Liegt es nicht geradezu auf der Hand, dass das Land, dem der Verbrennungsmotorenbau seine namensgebenden Erfindungen Otto- und Dieselmotor verdankt, auch Vorreiter im Automobilbau war? Tatsächlich verlief die Entwicklung keineswegs geradlinig. Deutschland war ein Land, in dem sich die Massenmotorisierung erst spät entwickelt hat. Kurz vor dem Ersten Weltkrieg zählte man im ganzen deutschen Kaiserreich nur etwas mehr als 60.000 Pkw. Damit lag die Quote unter einem Pkw pro 1.000 Einwohner (vgl. Merki 2008: 56). Zu dieser Zeit waren in den Vereinigten Staaten von Amerika bereits weit über 1,6 Millionen Pkw auf den Straßen unterwegs, was immerhin schon 18 Pkw pro 1.000 Einwohner bedeutete. Zugespitzt formuliert, war der Automobilbau vor 1945 im Wesentlichen eine Domäne der US-Amerikaner, auch wenn die ursprünglichen Impulse von Europa ausgegangen waren. Seit Mitte der 1920er Jahre lag die Automobilindustrie in den Vereinigten Staaten auf Platz 1 der umsatzstärksten Industriebranchen des Landes (vgl. Lay 1994: 185). Noch 1939 lag das Verhältnis zwischen der Pkw-Dichte Deutschlands und der Vereinigten Staaten mit ca. 1 zu 10 deutlich auseinander: Am Anfang des Zweiten Weltkrieges kamen im Deutschen Reich gut 20 Pkw, in den Vereinigten Staaten aber knapp 200 Pkw auf 1.000 Einwohner (vgl. Abb.2). Um das Jahr 1920 lag in den Vereinigten Staaten die Anzahl der Kraftfahrzeuge schon insgesamt gleichauf mit der Zahl der Kutschen und Pferdefuhrwerke. Bereits zur Mitte dieses Jahrzehnts war dort der Wechsel vom Pferde- zum Motorwagen weitgehend abgeschlossen (ebd.: 191).

Ein wesentlicher Unterschied lag darin, dass in den Vereinigten Staaten das Auto bereits in einer industriellen Massenproduktion gefertigt wurde, während hierzulande Automobilhersteller mehr den Charakter von Manufakturen hatten und Fahrzeuge als Einzelstücke fertigten.

*Abbildung 2: Pkw-Dichte in (West-)Deutschland
und den Vereinigten Staaten 1920 bis 1980*

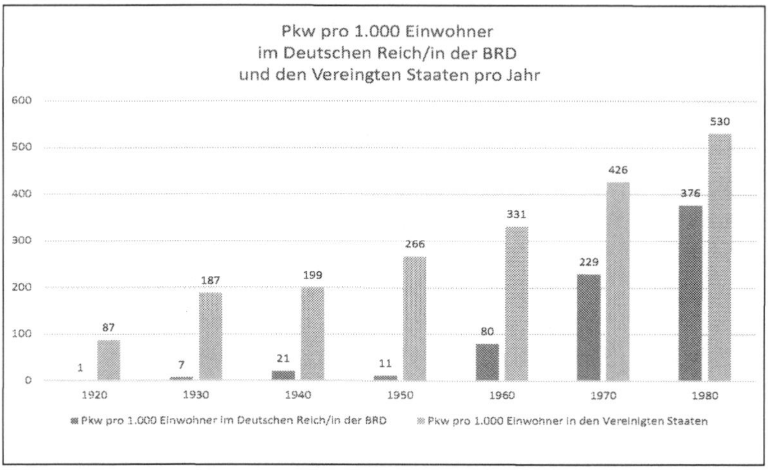

Pkw pro 1.000 Einwohner
im Deutschen Reich/in der BRD
und den Vereingten Staaten pro Jahr

Quelle: Deutsches Reich (1920–1940); U.S. Department of
Transportation (2018), Deutsches Kraftfahrtbundesamt (2018)

Die Liebe beginnt in Paris

Die Erfindung des Automobils ist ja nicht nur eine technische
Geschichte, sondern vor allen Dingen auch die von der Entwicklung einer besonderen kulturellen Bedeutung des Autos. Wofür
brauchte man solche Fahrzeuge eigentlich? In Frankreich entwickelte sich schon um das Jahr 1900 ein sensibles Gespür für
attraktive Inszenierungen, die das Auto nicht unbedingt nützlich,
aber umso aufregender und begehrenswerter erschienen ließen.
In den französischen Autoclubs und -salons, in den neu gegründeten Auto-Journalen und bei den Autorennen entwickelte sich
so ein kultureller Kontext, der dem Auto erst seinen gesellschaftlichen Glanz verlieh und es zu einem begehrenswerten Luxusgut
machte. Im Unterschied zu Deutschland verstand man im westlichen Nachbarland schnell, dass ein Auto weitaus mehr ist als ein
rein technisches Industrieprodukt für Fachleute. Frankreich war
zu dieser Zeit das »Land der Reklame« und das Auto repräsen-
tierte als Konsumartikel – trotz deutscher Erfinderleistung – eine

»französische Technik« (Radkau 1989: 146f.). Das Auto wurde
in Frankreich wie ein *Genussmittel* eingeführt, mit dem sich auf
den Pariser Boulevards fahrend flanieren ließ. Der Automobilismus wurde hier zu einer wahrhaften Bewegung. Seine Verfechter glaubten fest an die Zukunft des Autos und sorgten vor allen
Dingen dafür, dass die Welt diesen Glauben auch zu hören bekam. Die französische Vermarktung des Autos vollzog sich dabei
auch ganz praktisch: die Straßen-, Hotel- und Restaurantführer,
wie der renommierte Guide Michelin, gaben unverzichtbare Hil-
festellung und Ratschläge auf der Fahrt in die Autogesellschaft.
Sie verwiesen auf anfangs noch rar gesähte Tankmöglichkeiten,
Werkstätten und auf autofahrerfreundliche Unterkünfte. Be-
gleitend entwickelten sich wirtschaftliche Interessen. Französische Geschäftsleute waren bereit, als Pionierunternehmen in
den Automobilbau zu investieren. Die französischen Hersteller
folgten dabei oft dem gleichen Muster. Zunächst verkauften sie
deutsche Wagentypen weiter, um diese dann selbst in Lizenz zu
bauen und die Fahrzeuge mehr den Wünschen der französischen
Kunden anzupassen.

Weitere Faktoren, die die Entwicklung eines Automobilmarkts
in Frankreich förderten, waren die zentralistische Verwaltung des
französischen Straßennetzes, die eine durchgängige und einheitliche Benutzung ermöglichte, sowie die bereits vorhandene Infrastruktur für den Verkauf von Erdölprodukten. »Das Automobil
war anfangs – zugespitzt formuliert – ein Pariser Modeprodukt,
das in Deutschland einfach nicht genügend nachgefragt wurde.«
(Merki 2002: 428) Bis in die ersten Jahre des 20. Jahrhunderts
blieb Frankreich im Automobilbau führend. Die Nachfrage aus
Frankreich trug maßgeblich dazu bei, dass auch die deutschen
Prototypen weiterentwickelt wurden und überhaupt über die Test-
phase hinauskamen. Daimlers und Benz' erste Kunden waren
Franzosen, die auch maßgeblich auf die technische Entwicklung
Einfluss nahmen. Der *Mercedes*, technikgeschichtlich gesehen
das erste Automobil, das die Herkunft von der Kutsche überwinden konnte und als Startpunkt der eigentlichen Automobilentwicklung gilt, wurde nach der Tochter des aus Österreich-Ungarn
stammenden Rennliebhabers Emil Jellinek benannt. Selbst in

Deutschland glaubte man, so dem vorherrschenden Geschmack des französischen Marktes besser entsprechen zu können (vgl. Möser 2002: 29).

Etwa ab dem Jahr 1905 war auch keine sonderliche Muskelkraft mehr erforderlich, um ein Auto zu steuern, allerdings verbreiteten sich elektrische Anlasser erst in den 1920er Jahren und es erforderte in der Anfangszeit ein hohes Maß an technischer Geschicklichkeit, Fahrzeuge über längere Zeit in Gang zu halten. Die Individualität demonstrierte sich in aufwändiger *Maßanfertigung* für wohlhabende Einzelkäufer mit Chauffeur. Erste Käufer – in aller Regel Männer – nutzen die Autos eher für Ausflugs- und Vergnügungsfahrten als für berufliche oder geschäftliche Zwecke. Autobesitz entwickelte sich zum sichtbaren Zeichen persönlichen Wohlstands. Das französische Vermarktungsmodell wurde nun zunehmend von anderen Industriestaaten übernommen.

In Europa, besonders im Deutschen Reich, wirkte sich dies aber erst mit Verspätung aus. Dort wurden Fahrzeuge in arbeitsintensiver und teurer Handarbeit gefertigt. Zwar arbeiteten beispielsweise in Deutschland um 1907 rund 100.000 Menschen im Automobilbau, doch der Export von Autos machte jährlich nur circa 30 Millionen Mark aus, was etwa der Hälfte des französischen Exportwertes für Autos entsprach (vgl. Möser 2002: 32). Demgegenüber betrug beispielsweise das Volumen der deutschen Ausfuhren von Eisenbahnschienen im gleichen Jahr über 50 Millionen Mark (vgl. Deutsches Reich 1910: 158).

Viel Aufmerksamkeit erhielt das Auto in Europa vor allen Dingen durch den Sport und die Rennwettbewerbe, angetrieben von der Suche nach immer neuen Geschwindigkeits- und Langstreckenrekorden. Dies galt für Frankreich, Italien und England, weit weniger für Deutschland. Hier war man zu sehr in die eigene Ingenieurskunst verliebt, um sich Gedanken über Anwendungen zu machen. Autowettrennen waren den Herstellern von Fahrzeugen in Deutschland ein Graus. Man wollte nicht durch Spektakel auffallen, da blieb man lieber staatstragend. Von *disruptiven* Motivationen distanzierte man sich regelrecht. Von Carl Benz ist überliefert, dass er eine Höchstgeschwindigkeit von 50 Stundenkilometern für ausreichend erachtete, damit sich das Auto in den

herkömmlichen Straßenverkehr einfügen könne (vgl. Radkau
1989: 146; siehe auch Benz 1936).
Deutschland blieb bis weit ins 20. Jahrhundert hinein ein
Land der kollektiven Massenverkehrsmittel auf der Schiene und
auch auf der Straße. Neben Fahrrädern und Mopeds dominierte
der öffentliche Verkehr, der noch in der Zwischenkriegszeit im
Fokus des allgemeinen Interesses stand und auch die Vorstellung
von Massenmotorisierung prägte. Der einflussreiche Berliner
Nationalökonom Werner Sombart konnte sich die Zukunft des
Verkehrs überhaupt nur auf der Schiene vorstellen und wünsch-
te sich, dass »vor jedes Haus eine Eisenbahn fährt« (Sombart
1909: 262). Der Bund der Landwirte forderte schon kurz vor dem
Jahr 1900, dass zukünftig kein Punkt in Deutschland weiter als
eine halbe deutsche Meile – knapp 4 Kilometer – vom nächsten
Bahnhof entfernt liegen dürfe. Dies hätte alleine im damaligen
Preußen eine Verzehnfachung des Schienennetzes bedeutet.
Die Lösung für die wachsenden Verkehrsbedürfnisse schien in
Deutschland jedenfalls im konsequenten Ausbau der öffentlichen
Verkehrstechnik, allen voran der Eisenbahn, zu liegen. Während
die Masse auf der Schiene unterwegs sein sollte, präferierten Adel
und Oberschicht das Pferd mit Wagen. Im Unterschied zu den
Vereinigten Staaten, Kanada oder Australien mit ihren ausge-
dehnten, dünnbesiedelten Gebieten war das Auto mit Motor bis
weit in den 1920er Jahren in Deutschland in den traditionellen
Eliten jedenfalls kein Statussymbol (vgl. Radkau 1989: 144).
Die Vereinigten Staaten entwickelten sich nach der Jahr-
hundertwende zu einem Land, in dem der Autoverkehr neue
individuelle Lebensformen ermöglichte und das in ganz be-
wusster Abgrenzung zum Bahnverkehr. Die großen Eisenbahn-
gesellschaften galten in den Vereinigten Staaten als unpersönlich,
kundenunfreundlich und technisch längst überholt. Anders als
in Frankreich stand in den Vereinigten Staaten nicht die Reprä-
sentativität, sondern der Gebrauchswert des Autos als Überland-
fahrzeug im Mittelpunkt. Das Auto versprach eine Rückkehr in
die Zeit der Besiedelung Nordamerikas, als Erfolg und Ansehen
noch von der persönlichen Mobilität jedes Einzelnen abzuhängen
schien. Führende Vertreter der amerikanischen Automobilwirt-

schaft erhofften sich eine Renaissance des Pionier- und Landlebens. Mit dem Beginn der Massenfertigung durch Henry Ford im Jahre 1908 wurde dann auch die passende produktionstechnische Grundlage geliefert. Automobile wurden – wenn auch immer das Gleiche – zu einem Gebrauchsgegenstand der Mittelklasse.

Das Fahrrad – der unscheinbare Wegbereiter

Im Schatten des großtechnischen Eisenbahn- und Schienensystems vollzog sich seit dem ausgehenden 19. Jahrhundert eine kleine Revolution im Individualverkehr: die Verbreitung des Fahrrades. Sie wird leicht übersehen, in der Technikgeschichte aber als eine mentale Voraussetzung für die spätere Erfolgsgeschichte des Automobils bewertet (Bijker 1995). Interessanterweise ebnete das langsame Fahrrad viel eher als die rasante Bahn den Weg für den Individualverkehr. »Das Fahrrad war der Ursprung des Autos.« (Lay 1994: 145) In der Zwischenkriegszeit entwickelte sich das Rad in Europa tatsächlich zum zentralen Individualverkehrsmittel, das von vielen Menschen zum Einkaufen, für den Schulbesuch und zum Pendeln eingesetzt wurde. Es war eine Einübung in individuelle Fortbewegung und autonome Tempogestaltung. Das Rad hatte eine nicht zu unterschätzende Vorbildfunktion in der sozialen Etablierung einer »Individualismusideologie« (Merki 2008: 52) im Verkehr und bildete eine weltanschauliche Basis, die sich auch ganz konkret in Form von persönlichen Reise- und Tourismuserfahrungen ausdrückte. Ähnlich wie heute wurde das Radfahren auch damals von Hoffnungen auf ein besseres Leben begleitet. Es sollte helfen, die Wohnungsnot zu lindern, die Emanzipation der Frauen voranzutreiben und die Klassengegensätze zu mildern. Die Preise für ein eigenes Fahrrad fielen schon nach dem Ersten Weltkrieg binnen weniger Jahre so rasant, dass es sich fast jeder leisten konnte. Das Fahrrad wurde im 20. Jahrhundert auch die »Kutsche der Armen« genannt (Lay 1994: 163), die die Menschen an die Freiheit gewöhnte, zur beliebigen Zeit an frei wählbare Orte in der Umgebung zu gelangen. Weder das Pferd noch die Eisenbahn hatten bis dahin eine derartige individualisierte Fortbewegung ermöglicht. Die ersten modernen Straßenkarten sind daher nicht zufällig von Radfahrervereinen erstellt worden. Auch die Idee einer exklusiven Straße, die technisch für eine bestimmte Art von Verkehrsmittel ausgelegt ist, wurde zunächst für das Fahrrad formuliert. Die Fahrradclubs kämpften schon damals für bessere Infrastrukturen und Beschilderungen. Ihre Mitglieder zählten zu den Gründern späterer Automobilvereine. Zwischen dem frühen Radsport und dem Beginn des Motorsports gab es eine bemerkenswerte personelle Kontinuität. Auch technisch hatte das Fahrrad Vorbildfunktion. Firmen wie beispielsweise Opel oder Wanderer produzierten anfangs Fahrräder. Mechanische Entwicklungen wanderten langsam vom Fahrrad in das Automobil und trugen dazu bei, die frühen Motorwagen nutzerfreundlicher zu machen.

Zusammenfassend lässt sich die Frühphase der Automobilentwicklung in drei Stadien einteilen, die sich den drei genannten Ländern zuordnen lassen: Während sich die frühe *Konstruktionsdominanz* im Deutschen Reich auf das späte 19. Jahrhundert und das frühe 20. Jahrhundert festlegen lässt, vollzieht sich die Phase der *Vermarktungsdominanz* von Automobilen bis zum Ersten Weltkrieg in Frankreich. Hier erhielt das Auto die Bedeutung als exklusives Rennsportgerät. Spätestens nach dem Ersten Weltkrieg wird die Entwicklung des Automobils aber durch die aus den Vereinigten Staaten stammende Massenfertigung dominiert, die *Produktionsdominanz,* mit dem Fokus auf dem alltagstauglichen Gebrauchsnutzen. Die Beiträge der deutschen Technikpioniere für den motorisierten Massenverkehr blieben damit eher bescheiden: Antriebsmotoren und Fahrzeugchassis wurden von den vermeintlichen *Erfindern* geliefert. Den Deutschen schwebte auch kein neues Verkehrsmittel vor, sondern die Optimierung bestehender Kutschen im Rahmen der damals herrschenden Verkehrsordnung. Das Auto wurde erst dank französischer Vermarktungskunst zur Ikone der Moderne, zu einem Prestigeobjekt der Schönen und Reichen, während es in den Vereinigten Staaten durch Methoden der Fließbandfertigung nach dem Ersten Weltkrieg bereits auf dem Weg zu einem erschwinglichen Massengut war. Dass Menschen aber überhaupt eine Vorstellung davon bekamen, ganz spontan und individuell sich zu bewegen und mit-

tels technischer Unterstützung die Reichweite der eigenen Füße
um ein Vielfaches zu erweitern, für diese kulturelle Vorbereitung
des Automobilismus kann man die Bedeutung des Fahrrades gar
nicht überschätzen.

In Vorleistung für die Massenmotorisierung

Wie kam es, dass Deutschland trotz dieser Rückständigkeit
gegenüber anderen Industriestaaten dann doch noch zum *Auto-
land schlechthin* wurde? Der spätere *automobile Komplex* entstand
hierzulande vor allen Dingen als *politisches Projekt* zur Einführung und Förderung des Automobils. Dieses Projekt umfasste
zum einen die rechtliche Rahmung, weitreichende Infrastruk-
turentscheidungen sowie umfassende finanzielle Förderungen.
Vor allem aber begann sich, aufbauend auf den Diskursen der
Stadtplaner in den 1920er und 1930er Jahren, die politische Idee
zu verfestigen, das Auto als elementaren Teil des Privaten zu etablieren und gemeinsam mit der Familie, dem eigenen Haus und
dem Garten sozusagen als staatlich garantiertes Schutzgut auszuweisen.

Was in der Technikgeschichte des Autos immer wieder übersehen wird, ist der Umstand, dass die Attraktivität von Geräten
nicht nur durch ihre Bedeutung, die *kulturelle Aufladung* beispielsweise als Luxusgut, erfolgt, sondern auch durch einen entsprechenden *Funktionsraum* garantiert werden muss. Wenn man
keine Vorfahrt hat, dann hört der Spaß am Auto schnell auf.

Die Regulierung des motorisierten Straßenverkehrs ist daher
fast ebenso alt wie das moderne Automobil. Für Europa datiert das
erste diesbezügliche Abkommen aus dem Jahr 1909. Im Oktober
1909 wurde in Paris das internationale Abkommen über den Verkehr mit Kraftfahrzeugen ratifiziert, das in den wichtigsten europäischen Staaten galt und bereits erste Lärm- und Abgasgrenzen
enthielt. Es sollte unter anderem verhindern, dass Mensch und
Tier sich durch Autos übermäßig erschrecken und der Kraftver-
kehr die Straßenränder unbewohnbar macht. Aus dem gleichen
Jahr stammt auch die erste einheitliche Straßenverkehrsordnung
für das gesamte deutsche Reichsgebiet. Das Kraftfahrzeug wurde

in dieser Ordnung erstmals als gleichberechtigtes Verkehrsmittel neben anderen Bewegungsarten auf der Straße definiert. Das war ein Erfolg der Automobilbefürworter, denn zuvor lag das Vorrecht im motorisierten Verkehr bei öffentlichen Fahrzeugen wie beispielsweise der Straßenbahn. Nicht einmal drei Jahrzehnte sollten vergehen, bis die Priorität des Autos durchgesetzt wurde. Fortan hatte sich jeglicher öffentlicher und nicht-motorisierter Straßenverkehr dem Auto unterzuordnen. Binnen weniger Jahrzehnte hatte sich damit das Vorrecht umgekehrt und die Vormachtstellung des Autos war rechtlich kodifiziert.

Erste infrastrukturelle Vorleistungen für einen erst noch bevorstehenden Automobilverkehr begannen in Deutschland ebenfalls bereits im frühen 20. Jahrhundert. Im Jahr 1913 begannen die Arbeiten an der ersten reinen Autostraße Deutschlands in Berlin. Unter der Abkürzung AVUS (Automobil-Verkehrs- und Übungs-Straße) baute ein privates Konsortium die 1921 eröffnete Strecke, deren Nutzung übrigens gebührenpflichtig war. Als erste reine kreuzungsfreie *Nur-Auto-Straße* entstand in den Jahren 1929 bis 1932 – noch vor der NS-Zeit – die zwanzig Kilometer lange Strecke zwischen Köln und Bonn, gebaut durch die Rheinprovinz auf maßgebliche Initiative des damaligen Kölner Oberbürgermeisters Konrad Adenauer. Zu Demonstrations- und Propagandazwecken wurden vorhandene Planungen von den Nationalsozialisten nach 1933 genutzt und weitere Straßenprojekte massiv forciert und – wie beim Autobahnbau – effektvoll inszeniert. Diese vorauseilenden Infrastrukturmaßnahmen wären ohne massive staatliche Steuerungen und ein politisches Programm kaum möglich gewesen. So war der Reichsautobahnbau, der auf den Planungen des in den 1920er Jahren dafür gegründeten Hamburg-Frankfurt-Basel-(HAFRABA)-Vereins aufsetzte und trotz des Krieges bis 1944 fortgeführt wurde, eine gigantische infrastrukturelle Vorleistung. Tatsächlich setzte die Verbreitung von Automobilen erst Jahrzehnte später ein, logistisch wie auch finanziell wurde sie von dem damals weltweit größten Unternehmen, nämlich der Deutschen Reichsbahn, vorangetrieben (vgl. Canzler, Knie 2018: 21ff.).

Neben den Investitionen und rechtlichen Regelungen brauchte es zugleich eine glaubhafte Vision, dass sich das Auto überhaupt als Garant allgemeiner Mobilität eignet. Dieser Glaube – vielmehr war es anfangs nicht – wurzelte zunächst in den Köpfen von Politikern und Planern. Der (zukünftigen) Kundschaft musste der Glaube ans Automobil erst einmal beigebracht und plausibel gemacht werden. Dies ist umso bemerkenswerter, da es in Deutschland für die breite Masse kaum erschwingliche Pkw zu kaufen gab. Das Auto entwickelte sich zu einem Zukunftsversprechen – nicht mehr und nicht weniger. In der ersten Hälfte des 20. Jahrhunderts erlebte es eine weitreichende Metamorphose von einem Luxusgut und Sportgerät für Exzentriker zu einer Art Haushaltszubehör, das fest im Alltagsleben verankert war. Diese Transformation erreichte indes nicht alle Bevölkerungsgruppen gleich schnell. Bevölkerungsgruppen mit durchschnittlichem oder geringem Einkommen hatten lange nicht die Mittel, sich ein eigenes Auto zu leisten. Frauen blieben bis weit in die 1980er Jahre meist Beifahrerinnen. Anders als in den Vereinigten Staaten war das Auto in Europa und insbesondere in Deutschland noch bis in die 1960er Jahre ein Gefährt begüterter Männer. Die Vereinigten Staaten hatten schon um 1930 jenen Motorisierungsgrad, den die Staaten Europas erst weit nach dem Zweiten Weltkrieg in den 1960er Jahren erreichten. Das Leitbild automobiler Selbstbeweglichkeit als Traum vom guten Leben, als ein gleichsam staatliches Schutzgut wurde in Deutschland jedoch – parallel zu den rechtlichen und infrastrukturellen Vorleistungen – frühzeitig verankert und ging der materiellen Verwirklichung voraus.

Die Verkehrswende des frühen 20. Jahrhunderts – der Weg zur Autogesellschaft

In den ersten Jahrzehnten des 20. Jahrhunderts entwickelte sich das Automobil allmählich zu einem Ausdrucksmittel der Individualisierung. Die französische Prägung des Automobils setzte sich durch und wurde in US-amerikanischer Manier globalisiert. Zwar blieb der öffentliche Verkehr ein populäres Verkehrsmittel für die arbeitenden Massen, mit dem sich große Menschenmengen zur gleichen Zeit in Fabriken und Verwaltungen befördern ließen. Das Auto etablierte sich dagegen als Zukunftsprojekt. Im

Geist der *Charta von Athen*, die zwar erst 1941 erschien, deren
städtebauliche Planungsgrundlagen aber bereits ab den 1920er
Jahren als herrschende Meinung in Ost und West galten, wurde
im Straßen- und Stadtumbau infrastrukturell umgesetzt, was die
Reichen und Mächtigen zuvor für sich alleine reklamiert hatten:
Fortbewegung wann und wohin man möchte. Mehr noch als die
Möglichkeit, das Fahrzeug selbst auszugestalten und zu steuern,
entwickelte sich die zur Schau gestellte Selbstbestimmung zum
Maßstab. Zwar konnte diese individuelle Aneignung von Raum
und Zeit zunächst wegen der geringen Anzahl an Pkw nur be-
dingt realisiert werden, aber das Freiheitsversprechen war in der
Welt und politisch wurde an seiner Verbreitung mit mächtigen
Werkzeugen gearbeitet.

Die Tragweite dieses Wandels wird deutlich, wenn man die
Freiheitsgrade im Verkehrshandeln vergleicht. Im öffentlichen
Bus- und Bahnverkehr gaben und geben feste Fahrpläne, Haltestellen und Betriebszeiten den Takt vor. Der Einzelne hatte sich
den technischen Betriebserfordernissen unterzuordnen. Motorisierte Individualverkehrsmittel standen der weit überwiegenden
Mehrheit der Bevölkerung schlichtweg nicht zur Verfügung. Die
Menschen in der beginnenden industriellen Moderne waren in
der Nutzung der öffentlichen Verkehrsmittel des Nah- und Fern-
verkehrs weitgehend fremdbestimmt.

Rückblickend erscheint es als eine Ironie der Geschichte,
dass sich dies in Deutschland ausgerechnet unter dem nationalsozialistischen Gewaltregime zu ändern begann. Wie der Biele-
felder Technikhistoriker Joachim Radkau feststellt, wäre es für
die NS-Führung eigentlich naheliegend gewesen, das Privatauto
als Ausdruck der individualistischen US-amerikanischen Lebens-
weise zu verteufeln, um stattdessen die Eisenbahn als »Verkehrsmittel der Volksgemeinschaft« zu propagieren (vgl. Radkau 1989:
308f.). Das Nazi-Regime aber profilierte sich vielmehr als Retter
der schwer angeschlagenen deutschen Automobilindustrie, die
die Regierungen der Weimarer Republik angeblich wirtschaftlich hatten ausbluten lassen. Mit Großprojekten wie dem Autobahnbau und dem Aufbau neuer Produktionsstätten für Kraftfahrzeuge wie in Wolfsburg wurden die Grundlagen für eine

spätere Massenmotorisierung geschaffen. Mit den Autobahnen
schnitt man Schneisen in die Landschaft, die ausschließlich für
Kraftfahrzeuge reserviert und quasi einer »motorgerechten Ge-
setzlichkeit unterworfen« werden sollten (Möser 2002: 93). Wie
der Sachbuchautor Hans Dollinger formuliert, habe erst Hitler in
Deutschland den »Machtwert« des Autos erkannt (Dollinger 1972:
131). Jedenfalls gab sich das NS-Regime als modern aus und dies
ließ sich ganz offensichtlich mit dem Auto – und dem Flugzeug –
besser demonstrieren als mit der Eisenbahn. Es ist bis heute nicht
geklärt, ob sich die Deutsche Reichsbahn proaktiv dieser NS-Ver-
kehrspolitik untergeordnet hat oder schlicht dazu gezwungen
wurde, die vorhandene operative Stärke einzusetzen, um in kurzer Zeit ein weithin sichtbares Netz an Autobahnen entstehen zu
lassen. Hermann Ullstein, jüngster Bruder in der gleichnamigen
Verlagsdynastie, behauptet in seinem 1943 in New York erschie-
nenen Buch »Das Haus Ullstein«, dass die Reichsbahn, insbesondere ihr langjähriger Generaldirektor Julius Dorpmüller, die
NSDAP in der für die Partei kritischen Zeit 1932 finanziell unterstützt habe. Heinrich Brüning – der letzte demokratisch gewählte
Kanzler der Weimarer Republik – zeigt sich in seinen Memoiren
ebenfalls sehr kritisch gegenüber dem völlig intransparenten Verhalten der Reichsbahn zum Ende der Republik. Dorpmüller übernahm jedenfalls zusätzlich zu einem Chefposten bei der Reichs-
wehr ab 1937 noch das Amt des Verkehrsministers und gehörte
damit zu einer bis heute wenig beachteten Schlüsselperson in der
nationalsozialistischen Verkehrspolitik.

Während der Regierungszeit der Nationalsozialisten ist tatsächlich eine Reihe von Gesetzesinitiativen entstanden, die das
Auto als dominantes Verkehrsmittel festschreiben sollten. Die
Reichsstraßenverordnung beendete das Vorfahrtsrecht für die
Straßenbahn und verankerte die Dominanz des Autos auf öffentlichen Straßen, die bis heute uneingeschränkt gilt (vgl. Radkau
1989: 306). Die Reichsgaragenordnung stellte sicher, dass Kraftfahrzeuge zukünftig bei privaten und öffentlichen Bauten genügend Platz zum Abstellen bekamen und schließlich nahm das
Gesetz zur Beförderung von Personen zu Lande den öffentlichen
Verkehr in eine strenge behördliche Genehmigungspflicht, um

jegliche unternehmerische Initiative von Verkehrsunternehmen im Ansatz zu verhindern. Private Unternehmen durften auch nur dann Beförderungsleistungen ausführen, wenn damit keine bestehenden öffentlichen Verkehrsinteressen – insbesondere die der Reichsbahn und Reichspost – nachteilig beeinflusst wurden. Damit war eine Marktordnung hergestellt, die die Monopolstellungen öffentlicher Verkehrsunternehmen absicherte und jenseits des privaten Automobils keinen freien Markt für den Personenverkehr zuließ (vgl. Nübel 1997). Dem Automobil als privates Verkehrsmittel war eine uneingeschränkte Entwicklungsperspektive gegeben.

Damit aber auch Fahrzeuge gebaut und gekauft werden konnten, setzte das NS-Regime gegen den Widerstand der Automobilindustrie den Bau des späteren Volkswagenwerkes durch. Mittels der requirierten Gelder der Gewerkschaftsbewegung entstand in wenigen Jahren das Projekt des KdF-Wagens, der für vier Personen Platz bietet und weniger als 1.000 Reichsmark kosten sollte. Eine auch im Ausland viel beachtete industriepolitische Initiative. In der französischen Zeitschrift *L'Auto* war zu lesen, der Volkswagen sei das Auto, das Frankreich fehle, man brauche ebenfalls eine kraftfahrfreundliche Regierung. Die *New York Times* befand, dass Deutschland die Massenproduktion von Autos zwar aus den Vereinigten Staaten übernommen habe, sie aber gleichzeitig verfeinere. Das Ergebnis solle auch in Amerika genau studiert werden (vgl. Dollinger 1972: 131).

All diese industrie- und infrastrukturpolitischen sowie rechtlichen Umbaumaßnahmen geschahen wohlgemerkt, ohne dass zu dieser Zeit eine nennenswerte Anzahl von Autos auf den deutschen Straßen waren. Denn selbst die massiven Motorisierungsbemühungen der Nationalsozialisten konnten den Rückstand Deutschlands gegenüber den Vereinigten Staaten nicht aufholen. Die Pkw-Dichte erreichte bis zum Zweiten Weltkrieg zwar langsam europäisches Niveau, aber nicht einmal annähernd den nordamerikanischen Motorisierungsgrad.

Aber die Folgen der nationalsozialistischen Kraftfahrpolitik waren überaus wirkungsmächtig. Auch ohne eine real vollzogene Massenmotorisierung sah die Situation in den 1950er Jahren ganz anders aus als noch vor 1933. Das Auto war zwar noch nicht auf den deutschen Straßen, wohl aber in den Köpfen der deutschen Bevölkerung angekommen. Die Adenauer-Regierung knüpfte verkehrspolitisch nicht etwa an die Hochzeit der Eisenbahn an, sondern an die Autoideologie des Nationalsozialismus und übernahm passenderweise auch gleich noch das Personal. Der Abteilungsleiter im Bundesverkehrsministerium Hermann Kunde – in der NS-Zeit Referent beim Generalinspektor für das deutsche Straßenwesen – bezog sich auch 1959 noch ganz selbstverständlich auf seinen früheren Vorgesetzten, den führenden Nationalsozialisten Fritz Todt. Als kritisch bewertete Kunde lediglich die damalige Priorität für den Autobahnbau zulasten der Landstraßen. Nun, nach dem Wiederaufbau, zwinge der ansteigende Verkehr dazu, beides zugleich in Angriff zu nehmen (vgl. Kuhm 1997: 63f.). Die konservativ-liberalen Politiker brachten für die private Motorisierung grundsätzlich mehr Sympathien auf als für den staatlichen Bahnmonopolismus. Das Auto konnte »als Träger einer nicht-kollektivistischen Gesellschaftsform« (ebd.: 26) interpretiert werden und bot sich insofern als verkehrspolitisches Symbol der Westbindung an. Offenbar sahen nun auch westdeutsche Politiker in der Förderung des motorisierten Individualverkehrs eine entfernte Verwandtschaft zum Antikommunismus. Schon im Jahr 1924 hatte ein Werbefachmann von General Motors formuliert: »Wie könnte der Bolschewismus in einem motorisierten Land blühen?« (Lay 1994: 195)

Wie schon beim Autobahnbau in der Vorkriegszeit war auch beim Ausbau des Autobahnnetzes nach dem Krieg nicht das Verkehrsbedürfnis ausschlaggebend, denn noch immer gab es kaum Privatautos in Deutschland. Vielmehr bot sich der Straßenbau für Staat und Wirtschaft als Beschäftigungsprogramm an, mit dem schnell und öffentlichkeitswirksam viele Menschen in Arbeit gebracht und Modernität demonstriert werden konnten. Nur wenige Jahre nach dem Ende des verheerenden Zweiten Weltkrieges waren zahlreiche Straßen wieder für den allgemeinen Verkehr freigegeben. Ab 1953 wurden sogar die Geschwindigkeitsbeschränkungen für vier Jahre gänzlich aufgehoben. Wie stark der Staat auf die Selbstkontrolle des Einzelnen vertraute, ist noch

heute beeindruckend. Es wäre allerdings zu kurz gegriffen, die
Vorliebe der deutschen Nachkriegspolitiker für das Auto nur auf
ihre Abneigung gegen eine monopolistische Gemeinwirtschaft
zurückzuführen. Immer wieder ist daran zu erinnern, dass die
automobilen Verheißungen nach unabhängiger Fortbewegung
bereits ideell zu *keimen* begannen, noch ehe sie materiell Wurzel
schlagen konnten.

1957 – das Jahr des Durchbruchs

Doch selbst im ersten Jahrzehnt der Bundesrepublik war die
politische Festlegung auf das Auto als Hauptverkehrsmittel noch
nicht auf den Straßen angekommen. In diesem Jahrzehnt lag der
Ausstoß der deutschen Automobilproduktion noch immer hinter
den Vereinigten Staaten und auch hinter anderen europäischen
Industriestaaten weit zurück. Im Jahr 1960 betrug die Anzahl an
Pkw pro 1.000 Einwohner in Westdeutschland 80 Fahrzeuge. In
den Vereinigten Staaten zählte man zur selben Zeit über 300 Pkw
auf 1.000 Einwohner. Doch vor allem die politische Umwertung
des öffentlichen Verkehrs hinterließ inzwischen Spuren: Von
einem von allen Schichten viel genutzten Massenverkehrsmittel
drohte der öffentliche Verkehr zu einer Restgröße für jene Bevölkerungsgruppen zu werden, die sich kein eigenes Auto leisten konnten. Die allgemeine Bewegungsfreiheit sollte fortan das
Privatauto gewährleisten, was durch diverse staatliche Eingriffe
abgesichert wurde. Wesentlichen Anteil am Umschwung hatten,
wie schon in den Anfängen der Automobilisierung, die Automo-
bilclubs, in Deutschland vor allem der ADAC. Hans-Christoph
Seebohm, Verkehrsminister von 1949 bis 1966, war ein erklärter
Anhänger der Kraftfahrt und bezog sich in seinen Reden gerne
auf seine ADAC-Mitgliedschaft, die bis in die Vorkriegszeit zu-
rückreichte. Bedeutsam waren – wenn auch Jahrzehnte später
als in den europäischen Nachbarländern – auch Autorennen, die
in den ersten Jahren der Bundesrepublik zur keineswegs selbstverständlichen Popularisierung des Kraftfahrtwesens beitrugen.
Die Pkw-Lobby bedurfte auch deshalb einer solchen eher symbo-
lischen Unterstützung, da der Automobilbau damals noch keine

systemrelevante Industrie darstellte und noch völlig im Schatten der Konzerngiganten der Grundstoffindustrien stand.

Das Jahr 1957 gilt als verkehrspolitischer Meilenstein, weil in einer langen Reihe von verkehrspolitischen Entscheidungen in diesem Jahr der unumkehrbare Durchbruch des privaten Kraftwagens gelingen sollte. Selten sei »es möglich, einen gesellschaftlichen, politischen und ökonomischen Umschlagpunkt im historischen Rückblick derart einzugrenzen wie in der westdeutschen Nachkriegsgeschichte beim Stich- und Wende-Jahr 1957« (Kuhm 1997: 48; siehe auch Klenke 1995). Auch wenn eine derart komplexe Gemengelage schwerlich an nur einem Jahr festgemacht werden kann, ist die Fülle von Entscheidungen und Weichenstellungen, die in diesem Jahr zusammenkommen, in der Tat verblüffend. Unterstützung erhielt diese Politik durch den *Sputnik-Schock*: Der damaligen UdSSR war der Start des ersten künstlichen Erdsatelliten gelungen, damit hatten sie, noch vor den USA, die Raumfahrt begründet. Plötzlich grassierte die Angst, der Ostblock könnte den Westen technologisch überholen. Die Verbindung von Volkswohlfahrt und technischem Fortschritt kam auf die tagespolitische Agenda. In der jungen Bundesrepublik drückte sich dies in der Sorge aus, man könnte den Anschluss an den weltweiten Fortschritt und damit auch an die Weltwirtschaft verlieren. Die unbedingte und vorbehaltlose Unterstützung des technischen Fortschritts entwickelte sich zu einer Volksdroge. Die Teilhabe am Konsum, der Traum von einem guten Leben mit einem eigenen Haus, Garten und eben auch einem Auto etablierte sich zu einem gesellschaftspolitischen Programm, dem sämtliche politische Parteien folgten.

In das Jahr 1957 fallen auch die erste Kohlekrise in der Nachkriegszeit und der Beginn einer weitgehenden Substitution des Energieträgers Kohle durch Erdöl, was die Chemieindustrie, aber auch den Autoverkehr stimulierte. Im selben Jahr lieferte Krupp die letzte Serie von Dampflokomotiven an die Deutsche Bundesbahn aus und auf der Bauausstellung *Interbau 1957* in Berlin drängten die internationalen Architekten zu Großvorhaben, was auch die planerische Würdigung des als zeitgemäß geltenden Autos für den modernen Städtebau einschloss. Und zum ersten

Mal in der Geschichte des westlichen Deutschlands zählte man 1957 mehr Pkw als Krafträder. Das Jahr steht zugleich auch für die Zivilisierung und vermeidliche *Zähmung* des individuellen Kraftverkehrs. 1957 wurden vor dem Hintergrund stark angestiegener Unfallzahlen die uneingeschränkte Beseitigung von Geschwindigkeitsbegrenzungen rückgängig gemacht und zumindest innerorts Tempolimits verhängt. Das tat dem Ausmaß der einsetzenden Motorisierung keinen Abbruch, im Gegenteil: Zwischen 1957 und 1961 verdoppelte sich der Pkw-Bestand von 2,5 auf 5 Millionen Fahrzeuge. Die Pkw-Lobby und autofreundliche Politiker unterstützten die These, dass die Ursache für die rasant gestiegene Unfallrate in den Straßenverhältnissen und nicht im Fahrverhalten zu sehen sei. Die Antwort auf die Verkehrstoten hieß Straßenbau, aus dieser Zeit stammt auch der für viele Jahrzehnte den Diskurs prägende Slogan »Was fehlt sind Straßen«. Im gleichen Jahr verabschiedete der Deutsche Bundestag erstmals ein Gesetz zum Ausbau der Fernstraßen.

Steuerpolitik als Hebel

Nach der Gründung der Bundesrepublik brauchte es mehr als ein Jahrzehnt, ehe das Auto endlich zu einem sichtbaren Verkehrsmittel wurde. Zuvor hatte die Politik pro Auto und Straßenbau vor allen Dingen auf Wunschdenken und Glaubenssätzen gefußt. Und da der öffentliche Fern- und Nahverkehr nicht aus dem engen Korsett der Daseinsvorsorge entlassen wurde, konzentrierte sich die Verkehrspolitik auf die weitere Förderung des privaten Autos als Kernelement der Volksmotorisierung.

Entscheidender Hebel für die weitere Popularisierung war die Steuerpolitik. Seit 1955 konnten bereits Fahrten zwischen Wohnort und Arbeitsstätte in der Einkommensteuererklärung steuermindernd geltend gemacht werden. Fahrten mit dem Zug waren hingegen nicht abzugsfähig. Steuerpflichtige Arbeitnehmer hatten die Option, eine Kilometerpauschale für Pendelstrecken zur Arbeit geltend zu machen, die ein Vielfaches der realen Betriebskosten betrug. Es handelte sich bei der Kilometerpauschale also um ein Auto-Markteinführungsprogramm, das auf breite Arbeitnehmerschichten zielte (vgl. Canzler 1996: 106f.). Seit 1960 wurde die Zweckbindung der Hälfte der Mineralölsteuereinnahmen für den Fernstraßenbau im Straßenbaufinanzierungsgesetz verankert, was eine »epochale Wende in der bundesdeutschen Verkehrspolitik einleitete« (Radkau 1989: 328). Diese Maßnahme ist deshalb so ungewöhnlich, weil sie mit dem traditionellen Kanon der Steuerpolitik bricht. Seit den preußischen Reformen im 19. Jahrhundert sollten Steuereinnahmen die staatlichen Aufgaben insgesamt finanzieren und nicht für spezifische Zwecke privilegiert werden. Stiegen die Fahrleistungen oder erhöhte sich der Kraftstoffpreis, nahm der Staat höhere Steuern ein, die aber weitgehend für den Straßenbau ausgegeben werden mussten. Die Zweckbindung der Mineralölsteuer schuf damit die Grundlage für eine enorme Intensivierung des deutschen Straßenbaus, während die Ausgaben für die Schiene seit den 1960er Jahren stagnierten. Dass Erhaltungszustand und Ausbau von Straßen- und Schienennetz auseinanderdrifteten, wurde damit auf Jahrzehnte zementiert und war die Folge eines mit großer Mehrheit verabschiedeten Gesetzes des Deutschen Bundestages (vgl. Kuhm 1997: 60ff.).

Die automobile Wachstumsspirale war damit in Gang gesetzt. Steigende Beschäftigungszahlen und eine wachsende Bevölkerung mit steigendem Durchschnittseinkommen und einer langsam wachsenden Erwerbstätigkeit von Ehefrauen schufen neuen Spielraum für private Haushaltsausgaben; neue (Raten-)Zahlungs- und Konsumentenkreditmodelle erlaubten es einer wachsenden Zahl privater Haushalte mit staatlicher Unterstützung ein Auto anzuschaffen, was wiederum den Umstieg vom öffentlichen Verkehr und vom Motorrad auf das Auto nach sich zog. Die Infrastruktur stand bereit, Straßen waren bereits vorhanden oder wurden vorausschauend gebaut. Die Verbreitung des privaten Autos schaffte auch die Grundlage für das Wachstum der deutschen Autoindustrie. Sie wurde zu einem Eckpfeiler der deutschen Wirtschaft und Ausdruck des Fortschrittes schlechthin. Kaum ein Politiker konnte oder wollte sich dem Druck entziehen, diese zu fördern. Das bereits unter den Nazis deklarierte

Ziel der Volksmotorisierung erschien nach den ersten zwei Jahrzehnten der Bundesrepublik nunmehr realistisch. Jetzt bekamen
die Deutschen wirklich, was ihnen zuvor nur verheißen wurde.
Die Einlösung des Versprechens vom eigenen Wagen für jeden
machte sie »zufrieden und gefügig für die bestehende Ordnung«
(vgl. Dollinger 1972: 110).

Liebe mit Hindernissen – Privatautos in der DDR

Im Osten Deutschlands vollzog sich die Durchsetzung des Privatautos unter anderen Vorzeichen als in der Bundesrepublik. Die
Verkehrspolitik inklusive des gesamten Fahrzeugbaus unterlag
der staatlichen Planwirtschaft. Wie zwischen den politischen
Systemen insgesamt war auch die programmatische Weichen-
stellung im Verkehr zunächst sehr unterschiedlich: Bis Anfang
der 1960er Jahre erhielt die Produktion von Dienst- und Nutzfahr-
zeugen von der Planungskommission der DDR klare Priorität, die
Herstellung von Privatwagen galt als nachrangig. Erschwerend
kam hinzu, dass ein erheblicher Teil der ehemals in Sachsen und
Thüringen angesiedelten Automobilwerke entweder demontiert
worden oder die Eigentümer mit Mensch und Material in Richtung Westen geflüchtet waren (vgl. Kirchberg 1999: 237f.). Hohe
Bedeutung für den Personenverkehr insbesondere in den Städten
erhielten daher anfangs die Straßenbahn sowie der Schienen-
fernverkehr der Reichsbahn. Allerdings fehlten die finanziellen
Mittel, um die überfällige Modernisierung und den Ausbau der
Schiene als Hauptverkehrsträger der DDR einzuleiten. Spätestens
nach dem Mauerbau 1961 entfernte sich daher der ideologische
Anspruch der DDR, das Land des kollektiven Verkehrs zu sein,
immer mehr von der Realität. Der Individualverkehr nahm allmählich zu. Die wirtschaftliche Bedeutung der Pkw-Nachfrage
durch Privatpersonen und die Pkw-Dichte wuchsen auch in der
DDR, auch wenn diese der in Westdeutschland um 10 bis 15 Jahre
hinterherhinkte (siehe Abb. 3).

Abbildung 3: Pkw-Dichte in der DDR und BRD 1950 bis 1980

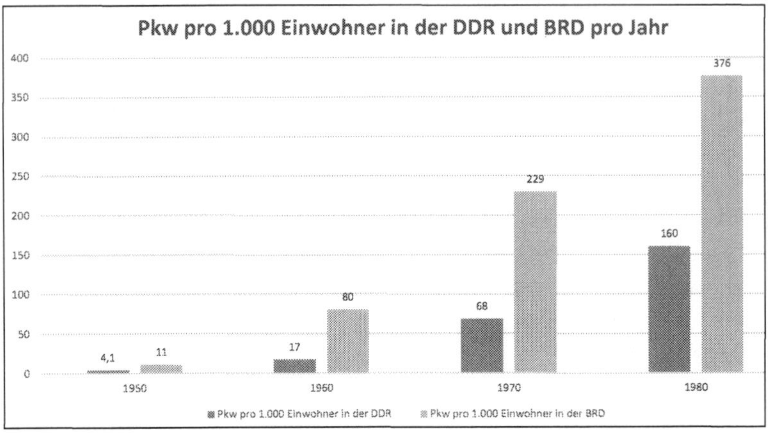
Pkw pro 1.000 Einwohner in der DDR und BRD pro Jahr
400
350
300
250
200
150
100
50
0
4,1
11
17
80
68
229
160
376
1950
1960
1970
1980
Pkw pro 1.000 Einwohner in der DDR
Pkw pro 1.000 Einwohner in der BRD

Quelle: Kirchberg 1999: 239

Bemerkenswert ist in diesem Zusammenhang der Umstand, dass die Unterversorgung der Bevölkerung mit Privat-Pkw und das Fehlen jeglicher politischer Unterstützung nicht zu einer Abkehr der DDR-Bürger vom Auto führten. Die Knappheit an privaten Neuwagen schien die Begehrlichkeit im Gegenteil noch anzufachen. Das anfängliche Verbot des privaten Weiterverkaufs gebrauchter Fahrzeuge umgingen die Autoverkäufer oft durch einen unbegrenzten Nutzungsvertrag: Das Auto verblieb zwar rechtlich im Eigentum des ursprünglichen Halters, wechselte aber faktisch den Besitzer. Gebrauchtwagen in der DDR erhielten einen Wert, der den von Neuwagen oftmals überstieg. Die durch Mangel erzwungene Langlebigkeit von Gebrauchtwagen trug mit dazu bei, dass der Pkw-Bestand trotz der im Vergleich zum Westen geringen Produktionszahlen wegen ausbleibender Abmeldungen merklich anstieg. Obwohl vordergründig weiter der öffentliche Verkehr im Fokus der Verkehrspolitik stand und die Tarife für den Nah- und Fernverkehr mit Bahnen und Bussen niedrig gehalten wurden, feierte in der Stadtplanung die Charta von Athen auch in der DDR große Erfolge. Praktisch alle neuen Stadtteile und Großsiedlungen – sehr eindrucksvoll bis heute in Halle und Chemnitz zu besichtigen – wurden nach den Grundzügen der

Entmischung und Funktionsteilung gebaut. Eine Entscheidung, die auch in der DDR den faktischen Zwang zum private Pkw trotz ideologischer Vorbehalte erhöhte.

Hinzu kam, dass die private Familie mit den aus dem Westen bekannten Ausstattungsmerkmalen auch im sozialistischen Alltag eine immer größere Rolle spielte. Ohne dies offiziell zu deklarieren oder als Planungsziel festzuschreiben, verfolgte die DDR spätestens seit dem VIII. Parteitag 1971 mit dem Beginn der Ära Honecker ähnliche wirtschafts- und sozialpolitische Ziele, wie dies in der Bundesrepublik der Fall war. Die Leistungsfähigkeit des sozialistischen Staates sollte sich nicht in einer starken Nutzung von öffentlichen Verkehrsmitteln, sondern in einem hohen und sozial gerechten materiellen Lebensniveau widerspiegeln – und dazu sollte möglichst auch ein privater Pkw gehören. Allerdings ließen sich diese Ziele tatsächlich erst viel später und auch nur nach dem Untergang der DDR tatsächlich realisieren.

Der ÖPNV als Schattenseite des motorisierten Individualverkehrs

Die politisch gewollte und sich dann auch tatsächlich einstellende Erfolgsgeschichte des privaten Automobils konte nur deshalb gelingen, weil der öffentliche Nah- und Fernverkehr ein Schattendasein führte. Die rechtlichen Voraussetzungen und die finanzielle Ausstattung waren auf die Sicherung von Grundbedürfnissen ausgerichtet. Das heißt, diejenigen, die sich keine Autos leisten oder die aufgrund geistiger und körperlicher Einschränkungen keine Fahrerlaubnis erhalten konnten, hatten im Rahmen der staatlichen Daseinsvorsorge ein Anrecht auf eine Grundversorgung mit Bussen und Bahnen. Dieser Anspruch ist allerdings niemals eingelöst worden (vgl. Ilgmann/Polatschek 2013). Faktisch war insbesondere der öffentliche Personennahverkehr von der Verkehrspolitik als eine Art Resteversorgung angelegt und wurde entsprechend ausgestattet. An einen Wettbewerb der Systeme oder an die Idee, dass der ÖPNV einmal das Rückgrat des Verkehrs in einer Stadt werden sollte, dachte in der deutschen Verkehrspolitik keiner. Während die MIV-Personenkilometer in

Westdeutschland zwischen 1950 und 1980 um ca. 1.700 Prozent wuchsen, kletterten diese im öffentlichen Personenverkehr im gleichen Zeitraum um nur 6 Prozent (Wolf 1992: 168f.). Die Verkehrspolitik, aber noch vielmehr die Baupolitik fokussierten sich auf das Individualverkehrsmittel. Möglichst breite, kreuzungsarme Straßen, eingefasst in Asphalt- und Betonlandschaften, galten als modern. Die räumliche Trennung von Wohnen, Arbeiten, Einkauf und Freizeit sollte das Stadtklima verbessern. Dichte, gemischte Bebauung erinnerte noch an die Arbeiterviertel der Kaiserzeit, die als Krankheits- und Krisenherde galten. Die bauliche Entmischung der Verkehrsträger war das Planungsziel. Straßenbahnen galten entsprechend dieser Grundordnung als Zeugen einer längst überkommenen Stadtplanung, die im Westen vielerorts noch vorhandenen Systeme wurden durch Omnibusse ersetzt, da sich diese vermeintlich besser in den Autoverkehr einfügten. Mit der Stadt der Moderne entstanden ganz neue, urbane Verkehrsbauten wie das Parkhaus oder die Tiefgarage, denn auch dem *ruhenden Verkehr* wurde ein breites Existenzrecht im öffentlichen Raum eingeräumt. Es kam zu einer regelrechten Umkehrung der Schutzverhältnisse: Billigte man anfangs noch dem Auto separate Räume zu, war es nun der Mensch selbst, für den mittels Fußgängerzonen, Spielplätzen und Radwegen sichere Resträume geschaffen wurden. Die autokonforme Stadtlandschaft gipfelt in der Anlage *menschengerechter Wege*.

Bei derart viel politischer Unterstützung blieb der Erfolg nicht aus. Die Pkw-Dichte kletterte in Westdeutschland zwischen 1965 und 1975 von 160 auf 290 Pkw pro 1.000 Einwohner. Erst jetzt war in der Bundesrepublik das Niveau der Massenmotorisierung erreicht, das in den Vereinigten Staaten bereits kurz nach dem Zweiten Weltkrieg Wirklichkeit geworden war.

3. Gesellschaft im Wandel

3.1 Individualisierung und Digitalisierung

Von der Eisenbahn- zur Autogesellschaft

Technische Strukturen stehen stets in einem Wechselverhältnis zur gesellschaftlichen Dynamik: Einerseits bestimmen gesellschaftliche Entwicklungstrends mit darüber, welche technischen Innovationen sich durchsetzen und welche nicht; andererseits prägen die technischen Umwelten auch die Gesellschaft, indem sie neue Möglichkeitsräume eröffnen oder bestehende auch wieder verschließen. Techniksoziologisch spricht man von einer Dialektik zwischen Zweck und Mittel, die eben nicht getrennt voneinander, sondern in einem sich wechselseitig beeinflussenden Verhältnis stehen.

Das Automobil war und ist hier keine Ausnahme. Das Auto war so erfolgreich, weil es als ein Vehikel der Individualisierung und gesellschaftlichen Differenzierung funktionierte. Die Dynamik der Verbreitung dieses Artefakts setzte mit der Serienfertigung ein, die Moderne nahm mit der industriellen Massenproduktion Fahrt auf. Offensichtlich war die Motorisierung eng mit der standardisierten Massenproduktion verknüpft, der in den Sozialwissenschaften gängige Begriff des Fordismus leitet sich nicht zufällig hiervon ab. Henry Ford organisierte nicht nur die Produktion des ersten Autos in Serie – des Model T –, sondern begründete zugleich die Anfänge des Vertriebs- und Absatzwesens. Seine Arbeiter sollten die ersten Kunden sein. Daher wurden die Ford-Beschäftigten ungewöhnlich gut entlohnt. Sie sollten die Autos auch kaufen können, die sie produzierten.

Im Vergleich zur damals auch in den USA dominierenden Eisenbahn eröffnete das Auto seinen Besitzern ganz neue individuelle Freiheiten. Man war nicht mehr wie als Passagier an die starre Linienführung gebunden, als Autofahrer konnte man unabhängig vom Fahrplan starten und Pausen machen. Der Raum wurde ausgeweitet, neue Regionen konnten erkundet, ferne Gefilde erfahren und das Einfamilienhaus mit Garten auch an Orte verlegt werden, die nicht in der Stadt lagen oder keinen Eisenbahnanschluss besaßen. Ohne Zweifel war das Auto das technische Gerät zur Unterstützung individueller Freiheiten und privater Lebensformen. Das System des Fordismus sorgte mit den Mitteln der Standardisierung für eine Ausweitung der Individualität. Nur durch die Großfertigung von Gleichteilen, den *economies of scale*, ließen sich die materiellen Optionen massentauglich herstellen, die für die Sicherung der räumlichen Bewegung notwendig waren.

Von der Autogesellschaft zur Multimodalitätsgesellschaft?

Zum dialektischen Verhältnis von Zweck und Mittel gehört auch, dass mit der Benutzung der Automobile auch selbst wieder soziale Differenzierungsprozesse vorangetrieben wurden. Der amerikanische Kulturhistoriker James Flink spekulierte darüber, ob das Auto die amerikanische Kleinfamilie in ihrer privaten Idylle habe entstehen lassen oder ob es vielleicht doch ganz anders war und mit dem Auto eine Option auf Mobilität geschaffen wurde, die wiederum dem Zusammenhalt der Familie nicht förderlich gewesen sei. Denn das Bild von dem Vater am Steuer, der Mutter auf dem Beifahrersitz und den lieben Kindern auf den Rücksitzen war für das Versprechen auf ein glückliches Leben dienlich, aber für die Beschreibung stabiler sozialer Realitäten untauglich. Denn die Fahrten schufen Begehrlichkeiten und riefen Sehnsüchte nach anderen Rollen und Praktiken hervor: Frauen am Steuer mit eigenem Beruf und Karriere und Kinder, die mit eigenem Fahrzeug ausgestattet das trauliche Heim schon früh verlassen, um die berühmten eigenen Wege zu gehen. Das Idyll der glücklichen Familie wurde sozusagen mittels Auto hergestellt und durch die Benutzung des Autos auch wieder zerstört (vgl. Flink 1975). Das Auto kann als eines der zentralen technischen Innovationen der *klassischen Moderne* angesehen werden. Die Moderne hatte mit dem Auto ihr Standardverkehrsmittel für alle gefunden. Spätestens in den 1960er Jahren wurde das private Auto für nahezu alle zum Symbol und Ausdruck einer »nivellierten Mittelschichtsgesellschaft« (Schelsky 1955). Es galt als nach-totalitär und konnte auf die volle politische Unterstützung von rechts bis links setzen (vgl. Klenke 1995). Doch was ist, wenn mittels massenhafter Autonutzung diese *klassische* oder *erste Moderne* in eine »zweite Moderne« (Beck 1986) transformiert wird? Die im Kern immer noch stark standardisierte *Kleinfamilien-Individualisierung* der 1960er Jahre ist heute nicht mehr das alleinige Lebensmodell, sie ist nur noch eines unter mehreren. Die gesellschaftlichen Differenzierungen sind auch Dank der massenhaften Nutzung von Automobilen weiter vorangeschritten, das oben skizzierte Bild vom glücklichen Vati am Steuer hat heute nur noch zeithistorische Bedeutung und repräsentiert nur noch einen Bruchteil sozialer Realität.

Kann das Auto angesichts dieses Wandels weiterhin seine Dominanz bewahren oder sind mit dem Auto als Massenkonsummittel Prozesse einer so starken dynamischen Differenzierung in Gang gesetzt worden, dass selbst das Universalwerkzeug Automobil diese funktional gar nicht mehr bedienen kann? Die fortschreitende Individualisierung und Pluralisierung von Lebensformen und Lebensstilen, der die aktuelle Phase dieser *Zweiten Moderne* kennzeichnet, entzieht dem privaten Automobil als Standardprodukt mehr und mehr den Boden. Je »singularer« (Reckwitz 2017) Gesellschaften werden, umso komplexer werden auch die Bewegungen im Raum. Ein privates Auto ist in dieser multioptionalen Gesellschaft einfach nicht mehr praktisch.

Seit Ulrich Becks Rede von der *Zweiten Moderne*, in der der jahrzehntelange Fortschrittsglaube erschüttert ist und die Nebenfolgen und Risiken der ersten Moderne dominieren, wird auch eine Veränderung des Basistrends der Individualisierung beobachtet. Ihre Ambivalenzen und vor allem der Verlust kultureller

Gewissheiten werden seither vielfach thematisiert. Die damit verbundene soziologische Diagnose verweist auf fundamentale Verschiebungen: Große soziale Kollektive verlieren an Relevanz, ihre sinnstiftende Leistung wird weniger nachgefragt. Waren in der Ersten Moderne noch »Klasse und Stand« (Beck 1994) die entscheidenden Instanzen für die Lebensführung, zählt nunmehr die Eigenverantwortung des Einzelnen auf der Basis einer minimalen staatlichen Mindestsicherung. Jüngst hat Andreas Reckwitz mit Rückgriff auf den Terminus der »Spätmoderne« ausführlich einen neuen Modernisierungsschub identifiziert, der in die »Gesellschaft der Singularitäten« münde (Reckwitz 2017). Seine Kernthese lautet: »In der Spätmoderne findet ein gesellschaftlicher Strukturwandel statt, der darin besteht, dass die soziale Logik des Allgemeinen ihre Vorherrschaft verliert an die soziale Logik des Besonderen.« (Ebd.: 11) Davon sind nun alle »Dimensionen des Sozialen« betroffen, nicht zuletzt die Lebensweisen, die Beziehungsmuster und auch die individuelle Formatierung von Raum und Zeit. Triebkräfte dieser neuerlichen Modernisierung sind – so Reckwitz – der Wandel der kapitalistischen Wirtschaft in eine Wissens- und Kulturökonomie und die damit eng verwobene Digitalisierung. Die Digitalisierung erlaubt jene Singularisierung von Produkten in der Herstellung, Verbreitung und auch im Konsum – völlig unabhängig von Zeit und Raum. Das hierfür oft bemühte Bild ist die *Losgröße 1* beim 3-D-Druck, also eine echte Einzelfertigung, die allerdings mit der vorindustriellen handwerklichen Produktion nicht vergleichbar ist, weil sie automatisiert erfolgt. Die Individualisierung erhält mittels Digitalisierung eine neue Qualität.

Werden wir zu individuell für das (private) Auto?

Modernisierungstheoretisch ist es ein beachtlicher Schritt, die empirisch zu beobachtende verstärkte Individualisierung nicht nur mit sozialstrukturellen Verschiebungen wie dem Entstehen der Mittelschichtsgesellschaft in der zweiten Hälfte des 20. Jahrhunderts und dem Bedeutungszuwachs postmaterieller Einstellungen, sondern ebenso mit technischen Querschnittsinnovationen wie der Digitalisierung zu erklären. Diese Deutung passt zu einem Phasenmodell, nach dem der *standardisierten Moderne* nun eine *pluralisierte Moderne* folgt. Der Übergang zur Phase der Pluralisierung lässt sich vielfach illustrieren, nicht nur mit den Indikatoren wie den seit Jahrzehnten sinkenden Haushaltsgrößen, den Scheidungsraten oder den Mitgliedszahlen von Großorganisationen wie Parteien, Gewerkschaften oder Kirchen. In Lebensbereichen wie dem Wohnen oder im Verkehr hat die Vielfalt auf der Nachfrage- und auf der Angebotsseite deutlich zugenommen. Auch die seit Jahren hohen Scheidungsquoten tragen zu einer Zunahme biographischer Brüche bei, und das bereits seit mehr als zwei Jahrzehnten (vgl. Abb. 4). Alle diese sozialen Entwicklungen erhöhen nicht zuletzt die Wahrscheinlichkeit einer erweiterten räumlichen Mobilität.

Abbildung 4: Scheidungsquote in Deutschland von 1960 bis 2016

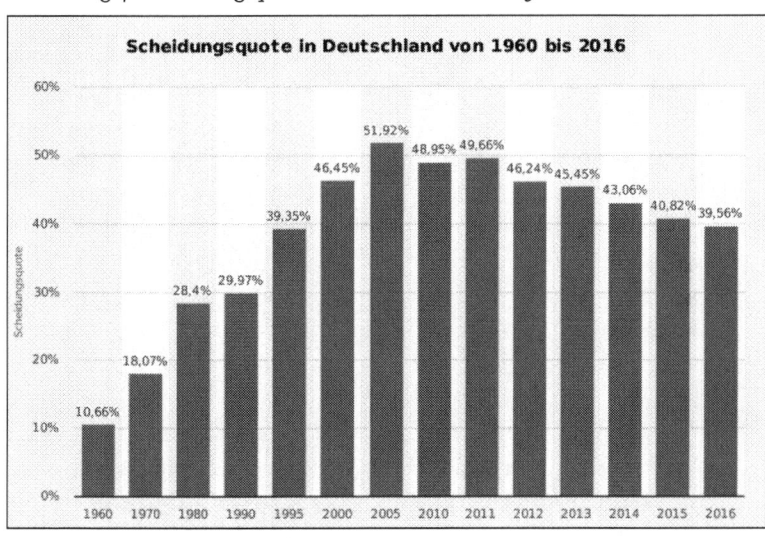

Quelle: Statistisches Bundesamt 2018

Das drückt sich beispielsweise in der Verschiebung bei den Haushaltsgrößen aus, so hat sich der Anteil der Einpersonenhaushalte zwischen 1960 und 2015 mehr als verdoppelt (s. Abb. 5).

*Abbildung 5: Anteil der Ein- und Vierpersonenhaushalte
in Deutschland von 1960 bis 2015*

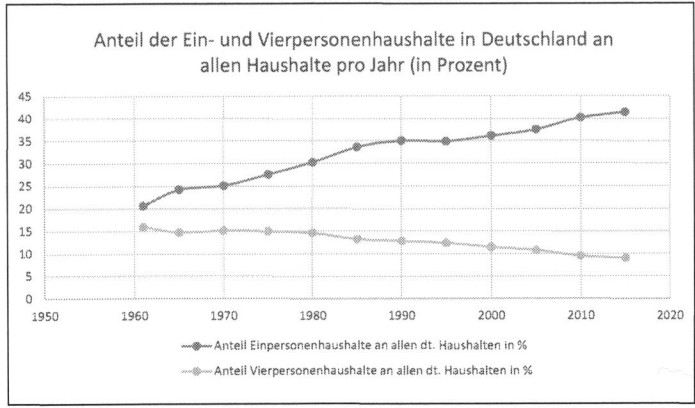

Quelle: Statistisches Bundesamt; https://www.destatis.de/DE/
ZahlenFakten/Indikatoren/LangeReihen/Bevoelkerung/lrbev05.html

Die soziologische Deutung des vielfach erhärteten Individuali-
sierungstrends ist durchaus umstritten. Deutungsversuche ent-
halten oft implizite anthropologische Vorannahmen und weltanschauliche Überzeugungen. Für die einen ist die moderne und
noch mehr die spätmoderne Entbettung des Einzelnen aus kollektiven sozialen Kontexten mit mehr Chancen auf ein selbstbe-
stimmtes erfülltes Leben verbunden, für die anderen schlicht mit
der Gefahr der Überforderung. Es ist auch nicht ohne weiteres
möglich, die empirischen Beispiele und theoretischen Rahmun-
gen gesellschaftlicher Individualisierung beispielsweise in Le-
bensstil- und Geschmacksfragen auf andere Handlungsfelder zu
übertragen. Dennoch bietet es sich an, genau dies beim Verkehr
zu tun. Denn wenn das private Automobil die standardisierte erste Moderne ermöglichte, gleichsam gerätetechnisch und symbo-
lisch fest mit den Lebensformen der ersten Moderne verbunden
war, dann stellt sich die Frage nach dem Gebrauchswert eines privaten Automobils in diesen Welten des Singulären.

Neue Möglichkeiten der Digitalisierung im Verkehr

Wenn von einer stärker werdenden Pluralisierung der Lebensformen und Lebensstile ausgegangen werden muss, lautet die Kernfrage: Welches Verkehrsangebot passt zu dieser neuen Zeit, das die unterschiedlichen Lebensformen und -phasen in ihrer Vielfalt, Unterschiedlichkeit und Mehrdeutigkeit bedienen kann? Das private Auto wohl kaum. Und tatsächlich sind die neuen Bewegungsformen heute bereits in den Metropolen der Welt erkennbar. Dort zeichnet sich die Entstehung einer *multimodalen* und *multioptionalen Mobilitätskultur* ab. Die Mehrheit der Menschen dort nutzt bereits heute im Alltag eine Vielzahl von unterschiedlichen Verkehrsmitteln. Plötzlich gehören dazu auch die scheinbar längt aus dem Fokus der Verkehrspolitik entrückten öffentlichen Verkehre. Busse und Bahnen werden mit unterschiedlichen Sharing-Angeboten für Autos, Räder und Scooter sowie durch die Option, sich spontan einen Platz in einem anderen Fahrzeug zur Mitnahme zu buchen, ergänzt. Was eine solche inter- und multimodale Verknüpfung überhaupt erst ermöglicht, attraktiv und routinefähig macht, ist das Smartphone.

Apps sichern den Zugang zu verschiedenen Verkehrsoptionen in Echtzeit, auch wenn eine volle Integration aller potenziellen Angebote mit der Chance, Tickets zu buchen oder in einer nächsten Stufe die App selbst als Ticket-Äquivalent zu nutzen, noch aussteht.

In den Großstädten zeigt sich heute bereits, dass trotz der für eine routinehafte Nutzung vorteilhaften Qualitäten des privaten Autos die individuellen Verkehrsbedürfnisse unter bestimmten Umständen von anderen Angeboten komfortabler befriedigt werden. Das ist dann der Fall, wenn das eigene Auto zur Belastung wird, weil die Orte, die für verschiedene Aktivitäten im Alltag und auf Reisen angesteuert werden, einfacher, schneller oder berechenbarer mit einer Kombination aus öffentlichen Verkehren, dem Fahrrad oder digitalen Sharing-Optionen zu erreichen sind. Ein multimodales und multioptionales Verkehrsverhalten kann sich allerdings auch nur dort habitualisieren, wo auch hinreichende Alternativen verfügbar sind.

Erweiterte individuelle Möglichkeitsräume

Das Smartphone als *Generalschlüssel für ein intermodales Verkehrs-angebot* schafft in der dazu passenden Umgebung der Großstadt einen wesentlich höheren Gebrauchswert als das private Automobil. Das wäre eine konkrete Anwendung der »Kulturmaschine Digitalisierung«, die Andreas Reckwitz für einen zentralen Treiber der anstehenden Singularisierung der Gesellschaft hält. Der einzelne Verkehrsteilnehmer kann ein auf seine Bedürfnisse ausgerichtetes persönliches Profil auf seinem Smartphone hinterlegen und per App Zugang zu genau den Verkehrsoptionen erhalten, die er bevorzugt. Habitualisierung und Flexibilität sind in einer neuen Qualität verfügbar, da kann ein privates Auto überhaupt keine Alternative mehr sein. Verkehrshandeln zeichnet sich im Alltagskontext dadurch aus, dass es stark von Handlungsroutinen geprägt ist. Routinen haben den Vorteil, dass sie von Entscheidungsdruck entlasten. Anthony Giddens spricht vom »praktischen Bewußtsein«, das es erlaubt, die »gewohnheitsmäßige, für selbstverständliche hingenommene Natur der großen Masse der Handlungen des Alltagslebens« immer wieder – also habitualisiert – zu leisten (Giddens 1988: 431). Verkehrshandeln ist ein Teil des Alltagslebens. Deshalb sind die Verkehrsoptionen im Vorteil, die habituell genutzt werden können. Das gilt auch und gerade für das private Auto, solange es nicht mit unkalkulierbarem Parksuchverkehr verbunden oder seine Nutzung eingeschränkt ist. Mit der Verbreitung des mobilen Internets sind gegenüber dem privaten Auto ganz neue Alternativen verfügbar, die auch genutzt werden. Mediensoziologisch formuliert, lautet die dahinterstehende These:»Da Mobilkommunikation die sozialen Interaktionssituationen der Mediennutzer verändert, transformiert sie auch die Erfahrungen der Menschen, individuelle Identitätsprozesse und gesellschaftliche Sozialisationsbedingungen.« (Wimmer, Hartmann 2014: 13)

Das Automobil ist mit seinen 47 Millionen zugelassenen Pkw in Deutschland zwar immer noch omnipräsent. Aber das Smartphone hat eine noch viel rasantere Entwicklung hinter sich. In Deutschland waren Ende 2017 fast 70 Millionen Geräte in Ge-

brauch. Die Altersgruppe der 18- bis 25-Jährigen verfügt zu über
97 Prozent über ein Gerät, oft mit einem Datenvolumen, das es
erlaubt, nahezu permanent online zu sein. Bereits im nächsten
Jahr kann damit gerechnet werden, dass es eine Vollabdeckung mit
Smartphones in der deutschen Gesellschaft gibt. Alle mobilen Personen werden ein solches Gerät besitzen und das nach nur etwas
mehr als zehn Jahren seit seiner Einführung (vgl. BITKOM 2018).
Die Vision integrierter Mobilitätsangebote als Alternative zum
privaten Auto kursiert zwar schon seit Jahrzehnten. Doch bislang
scheiterte ihre Realisierung daran, dass die Kombination von Ver-
kehrsmitteln nicht einfach und attraktiv genug organisiert werden konnte. Bisher schien auch nur das privat besessene Auto ein
Nutzen ohne nachzudenken zu erlauben. Zumal es noch weitere
Vorzüge hat: Das Auto ist ein Aufbewahrungsort für persönliche
Gegenstände, es entspricht den persönlichen Sauberkeits- und
Ausstattungserwartungen und es bietet eine eigene Schutz- und
Intimsphäre. Es ist ein Verkehrsgerät, das seinen Nutzern »Eigen-
raum und Eigenzeit« (Knie 1997) verheißt. Doch diese Attribute
gelten heute in Großstädten nicht mehr exklusiv für das private
Auto. Durch die Möglichkeiten der Digitalisierung werden die
Karten neu gemischt, denn das mobile Internet liefert ein funk-
tionales Äquivalent. Es ermöglicht eine orts- und zeitunabhängige
Privatheit im Öffentlichen. Mit ihrem Smartphone können Nutzer
in eine eigene digitale Sphäre eintauchen und die Wahrnehmung
äußerer Reize radikal reduzieren, selbst wenn sie physisch an
einem konkreten Ort mit konkreten anderen Personen zusammen
sind. Mit Ohrstöpsel und Smartphone ausgestattet, kann man Privatheit überall erzeugen und das mit einer Vielfalt an Aktivitäten,
die in einem privaten Auto nicht möglich ist, jedenfalls solange es
selbst gesteuert werden muss. Wer auf einer Bahnfahrt oder im
Bus unterwegs die Möglichkeiten des mobilen Internets für private
und berufliche Anwendungen nutzt, für den verliert das Selbstfah-
ren in einem Pkw an Attraktivität, weil es den Möglichkeitsraum
einschränkt. Das Smartphone und die vielen Apps können zwar
nicht den physischen Transport substituieren. Die digitalen Medien erweitern jedoch das Spektrum des Möglichen und erlauben
den Transport in Qualität und Quantität neu zu kombinieren. Da-

mit sind Optionen einer Beweglichkeit jenseits des privaten Autos
gegeben, die der britische Soziologe John Urry bereits vor Jahren
»Mobilities« genannt hat (vgl. Urry 2007).

In unterschiedlichen Lebensphasen ...

Eine der Hauptachsen dieser Pluralisierung verläuft entlang der
Lebensphasen. Weil sich die Ausbildungsphase verlängert, finden Familiengründung und Berufseinstieg immer später statt.
Umzüge und kurzfristigere Arbeitsverträge werden für viele zur
Normalität. Das wiederum hat Auswirkungen auf das Verkehrshandeln und damit auf die Stellung des Autos. Schon heute lässt
sich kein einheitliches, sondern ein zersplittertes Bild mit vielen
unterschiedlichen Handlungsmustern erkennen, das in seinen
Grundzügen möglicherweise auch die künftige elektrisch und
digital geprägte Verkehrswelt auszeichnet.

Unterschiedliche Lebensphasen gehen mit unterschiedlichen
Mobilitätsstilen einher, diese differieren wiederum ihrerseits, abhängig von verschiedenen Milieus und sozialen Schichten (vgl.
Götz 2007). In Ausbildungsphasen wird vor allem die autolose
Unabhängigkeit geschätzt. Ein eigenes Auto wird vielfach gar
nicht angestrebt, denn Wohnortwechsel, eine hohe Standortflexi-
bilität und nicht zuletzt die Erwartungen der Peergroup legen ein
multimodales Verkehrsverhalten viel näher. Anders sieht es hingegen meistens nach Studium oder Ausbildung aus. Die Berufs-
und Familiengründungsphase kommt mit ihren Bedürfnissen
dem traditionellen *Familie-Eigenheim-Auto-Modell* oft wie ehedem
ganz nah. Auch wenn es in einigen urbanen Kreisen schick geworden ist, mit dem Lastenrad und Kinderanhänger den Alltag
auch mit kleinen Kindern zu meistern, ist für viele kaum vorstellbar, komplizierte Wegeketten zwischen Wohnstandort, Kita,
Arbeitsplatz und Supermarkt ohne eigenes Auto zu bewältigen.
Das gilt besonders dann, wenn es nicht gelingt, die verschiedenen
Aktivitäten in relativer Nähe zueinander zu organisieren.

In der Ruhestandsphase, wenn die Kinder *aus dem Haus* und
tägliche Fahrten zum Arbeitsplatz nicht mehr nötig sind, können sich wiederum neue Freiräume eröffnen. Die *jungen Alten*

sind manchmal bereit, neue Verkehrsangebote zu probieren und nicht allein auf das Auto zu setzen. So geht der Pedelec-Boom der letzten Jahre bisher zum großen Teil auf das Konto dieser Altersgruppe. Allerdings ist sie als finanzstarke Gruppe zugleich ein wichtiger Nachfrager von neuen Autos, nicht selten mit hoher Sitzposition und üppiger Sicherheitsausstattung. Dabei ist der Unterschied zwischen den Geschlechtern gegenüber den früheren Altengenerationen kleiner geworden. Die Führerscheinquote ist mittlerweile bei den 60- bis 65-Jährigen bei beiden Geschlechtern fast gleich hoch (vgl. BMVI 2017: 121).

... und verschiedenen Räumen

Auch räumlich ist das Bild schon heute uneinheitlich. So unterscheiden sich verdichtete städtische Räume sehr von suburbanen oder gar von ländlichen Räumen. In der Stadt ist die Vielfalt groß, es gibt verschiedene Verkehrsangebote, unterschiedliche Verkehrsträger mit ihren Stärken und Schwächen. Die skizzierte und sich abzeichnende neue intermodale Verkehrswelt hat in den verdichteten Quartieren der wachsenden Ballungsräume bereits begonnen, denn dort ist der Platz knapp und die zu überbrückenden Entfernungen meistens vergleichsweise gering. Ein Verkehrsalltag ohne eigenes Auto ist schon heute einfach und routiniert möglich und für viele Städter eine Selbstverständlichkeit geworden. In Städten wie Berlin, Wien oder auch Zürich sind die Anteile der verschiedenen Verkehrsmittel an den Wegen – der modal split – längst vom so genannten Umweltverbund, also der Allianz von ÖV, Zufußgehen, Fahrrad und Sharing-Angeboten, geprägt. Laut der aktuellen Ausgabe der Studie »Mobilität in Deutschland« haben in den großen Metropolen in Deutschland 42 Prozent der Haushalte kein Auto (BMVI 2018). Die Vielfalt der Bevölkerungsstruktur spiegelt sich daher bereits jetzt auch in der Verkehrsmittelwahl wieder. Mehr als zwei Drittel der Großstadtbevölkerung nutzt kein Hauptverkehrsmittel, sondern vernetzt die verschiedenen Optionen (Ruhrort 2018).

Anders ist die Situation in suburbanen Siedlungsräumen. Dort sind die Infrastruktur- und Versorgungsstrukturen über

Jahrzehnte auf und für das private Auto ausgerichtet worden. Innerorts werden die allermeisten Wege mit dem eigenen Auto zurückgelegt, auch die Fahrten über die Gemeindegrenzen hinweg – neben Freizeit- und Einkaufsfahrten sind das vor allem die Pendelwege – werden zum allergrößten Teil mit dem Auto erledigt. Der Anteil der Pendler in die städtischen Zentren ist über viele Jahre nur leicht gestiegen, allerdings haben sich die zurückgelegten Entfernungen in den letzten 25 Jahren nahezu verdoppelt (vgl. Statista 2018 und Abb. 6 und 7). Die Raumplanung ist um das private Auto herum entwickelt worden, während das Bus- und Bahnangebot oft nur für Auszubildende und Arme vorgehalten wird. Mehr als zwei Drittel der täglichen Wege zur Arbeit werden daher mit dem Automobil absolviert.

Abbildung 6: Pendler in deutschen Großstädten

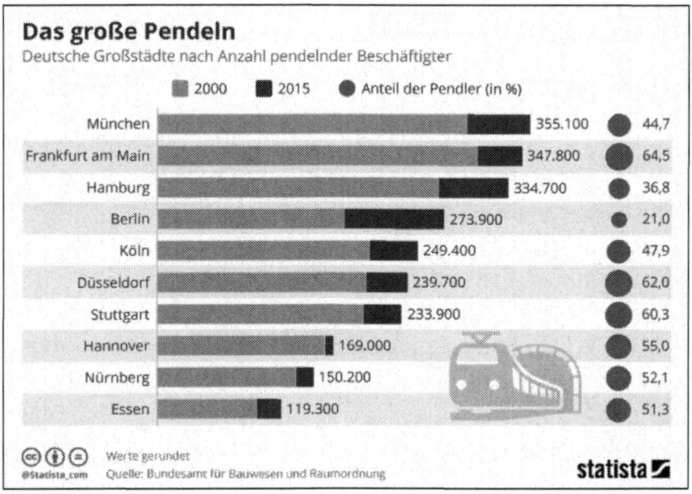

Das große Pendeln
Deutsche Großstädte nach Anzahl pendelnder Beschäftigter

■ 2000 ■ 2015 ● Anteil der Pendler (in %)

München	355.100	44,7
Frankfurt am Main	347.800	64,5
Hamburg	334.700	36,8
Berlin	273.900	21,0
Köln	249.400	47,9
Düsseldorf	239.700	62,0
Stuttgart	233.900	60,3
Hannover	169.000	55,0
Nürnberg	150.200	52,1
Essen	119.300	51,3

Werte gerundet
@Statista.com   Quelle: Bundesamt für Bauwesen und Raumordnung

statista

Abbildung 7: Pendelentfernungen zwischen Wohn- und Arbeitsort

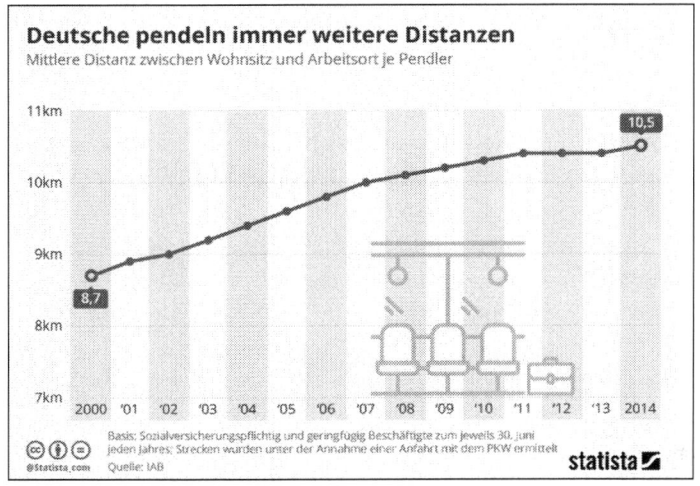

Deutsche pendeln immer weitere Distanzen
Mittlere Distanz zwischen Wohnsitz und Arbeitsort je Pendler

Basis: Sozialversicherungspflichtig und geringfügig Beschäftigte zum jeweils 30. Juni jeden Jahres; Strecken wurden unter der Annahme einer Anfahrt mit dem PKW ermittelt
Quelle: IAB

statista

Quelle: Institut für Arbeitsmarkt- und Berufsforschung/statista; Creative Commons CC BY-ND, https://creativecommons.org/licenses/by-nd/4.0/

In diesen suburbanen Räumen ist angesichts der Vorherrschaft des privaten Autos nur wenig Raum für die künftigen Möglichkeiten eines vernetzten elektrischen und nicht-motorisierten Verkehrs. Daher spielen intermodale Apps dort derzeit keine Rolle, Sharing-Systeme gibt es nicht und das Rad wird nur bei schönem Wetter am Wochenende für Freizeitaktivitäten genutzt. Gleichzeitig steigen daher gerade in suburbanen Räumen und in Kleinstädten die Belastungen durch das private Auto. Weil die Verkehrsflächen auch hier nicht beliebig erweiterbar sind, beginnt zaghaft die Suche nach Entlastungen und alternativen Verkehrsangeboten. Car-Pooling-Plattformen oder auch Umsteigepunkte wie Park-and-Ride-Plätze sind ein Thema, allerdings ein Randthema.

Die Folgen der *monomodalen Zurichtung* sind in diesem Siedlungstyp besonders deutlich. Die mittlerweile empfundene Belastung bei der Bevölkerung ist hoch und Alternativen sind nicht in Sicht. Dass man dem öffentlichen Verkehr immer nur die Rolle übertragen hat, Überlaufverkehre aufzunehmen und die *nichtautomobile Restnachfrage* zu verwerten, rächt sich jetzt. In diesen zersiedelten Strukturen sind auch Busse und Bahnen keine Alternativen. Die Bedienungsqualität ist gegenüber dem privaten Auto deutlich schlechter. Von der Verkehrswende ist in der Vorstadt im Moment daher wenig zu spüren. Das könnte sich jedoch bald ändern. Die Potenziale sind vorhanden. Sobald die städtischen Zentren die Einfahrt für private Pendelfahrzeuge erschweren und verteuern oder zu Zero-Emission-Zonen werden, entwickeln sowohl Car-Pooling-Dienste als auch die E-Mobilität eine Bedeutung. Sharing-Angebote auf der Basis von aus den sozialen Netzwerken bekannten Profil- und Bewertungsroutinen werden dann auch dort attraktiv. Bürger könnten Bürger fahren, auf digitalen Plattformen wären solche Dienste leicht zu vermitteln und zu etablieren. Denkbar wäre eine Mitnahme zum nächsten Bahnhof, sozusagen die Erschließung als *Spoke* für einen *Hub*, also nach dem Zubringer-Prinzip der Luftfahrt und angeboten als integrierte, digitale Dienstleistung.

Wie schnell sich ein solcher Wandel vollziehen kann, ist derzeit bei den Radschnellwegen zu beobachten. Sie erlauben es, auch mittlere und längere Pendelstrecken mit dem Fahrrad zu bewältigen. Sie sind deshalb mit Hoffnungen verbunden, weil sie ein sicheres und schnelles Fahrradfahren nicht zuletzt mit Pedelecs erlauben und zugleich dem gesellschaftlichen Trend nach sportlicher und gesundheitsfördernder Betätigung entgegenkommen. Die Erfahrungen aus den Niederlanden und aus Dänemark, wo der Radverkehr mit und ohne elektrische Unterstützung mit dem Ausbau des Radwegenetzes einen großen Aufschwung erlebte, nähren diese Hoffnung zusätzlich.

Vor diesem Hintergrund ist damit zu rechnen, dass auch in suburbanen und kleinstädtischen Räumen der pragmatische Umgang mit dem Auto wächst. Mitfahr-Plattformen und Umsteige-Hubs sowie das Pedelec als Option für mittlere Entfernungen werden zunehmend zu Alternativen gegenüber der monomodalen Autonutzung. Denn die beschriebenen Veränderungen in der Sozialstruktur machen auch vor der Vorstadtsiedlung nicht halt. Individualisierung und Pluralisierung lassen sich zunehmend weniger im engen Korsett des Reihenhauses mit einem Auto oder auch zweien realisieren. Auf die emotionale Bindung zum Auto folgt hier dessen pragmatische Nutzung. Von einer Liebesbeziehung hat man sich zu einer Zweckgemeinschaft entwickelt, mit deutlichem Wunsch nach mehr Optionen.

Allerdings lassen sich die, jedenfalls in weiten Teilen West- und Süddeutschlands vorhandenen zivilgesellschaftlichen Potenziale, die im Prinzip für mehr Gemeinschaftsverkehr förderlich sind, nicht nutzen, da – wie bereits mehrfach dargestellt – alternative Transport- und Bedienformen mit bestehenden Rechtspraktiken nicht kompatibel sind (Canzler, Knie 2018).

... und auf dem Land?

In ländlichen Regionen sind die Auto-Dominanz und -Abhängigkeit besonders groß. Dort gibt es oft keine anderen Verkehrsmittel, also auch nichts, das sich mit dem Auto verknüpfen ließe. Hinzu kommt, dass viele Versorgungs- und Bildungseinrichtungen sowie eine medizinische Versorgung oder auch Behörden oft weit entfernt sind. In dieser Situation ist das private Auto kaum verzichtbar. Das wird absehbar auch so bleiben. Eine Rückkehr zum klassischen öffentlichen Verkehr, gar eine Renaissance der Schiene ist wegen mangelnder Wirtschaftlichkeit, aber auch aus ökologischen Gründen nicht vertretbar. Der für einen Schienenverkehr nötige Bündelungseffekt ist nicht zu erreichen. Dennoch kann es auch auf dem Land zu disruptiven Veränderungen im Verkehr kommen.

Zum einen stehen die Chancen nicht schlecht, dass der ländliche Autoverkehr – wahrscheinlich schneller als derzeit gedacht – elektrifiziert werden kann. E-Autos werden gegenüber den Verbrennern aus drei Gründen im Vorteil sein: erstens, weil die Batterie- und damit die Anschaffungskosten für ein E-Fahrzeug in den nächsten Jahren deutlich sinken werden (vgl. Bloomberg 2018), zweitens, weil Leistungsverbesserungen der Batterien absehbar sind und zugleich die Einschränkung einer fehlenden Ladeinfrastruktur gar nicht existiert, wenn das E-Auto an der hauseigenen Ladestelle befüllt werden kann, und drittens, weil es zunehmend lohnend ist, den Strom für das E-Fahrzeug aus der eigenen (oder benachbarten) Photovoltaik-(PV)-Anlage zu verwenden und zum *Prosumer* (Produzent und Konsument in Personalunion) in Sachen Erneuerbarer E-Mobilität zu werden. Neu installierte PV-Anlagen werfen kaum lukrative Erlöse aus der bestehenden Einspeisevergütung ab, bei Gestehungskosten von weniger als 10 Cent je Kilowattstunde lohnt es sich jedoch, den selbst produzierten Strom für den Eigenbedarf zu nutzen. So kosten 100 Kilometer mit einem E-Auto der unteren Mittelklasse zwischen 1,50 und 2 Euro, solange keine Entgelte oder Steuern auf den selbst produzierten Strom erhoben werden.

Eine Elektrifizierung des Autoverkehrs auf dem Land wird trotz der genannten Vorteile allerdings ebenfalls nicht von alleine passieren. Die vorhandenen Potenziale müssen etwa durch veränderte steuerpolitische Rahmenbedingungen genutzt und zur Entfaltung gebracht werden. Eine wirksame Unterstützung wäre es schließlich auch hier, wenn Fahrzeuge mit Verbrennungsmotor zukünftig in Städten mit Einfahr- und temporären Durchfahrverboten zu rechnen hätten, während das emissionsfreie E-Auto nicht betroffen sein wird. Ohne solche fördernden Faktoren wird sich die E-Mobilität auf dem Land – und im Übrigen auch in der Stadt – nur langsam durchsetzen.

Zum anderen können innovative Mitnahme- und Mitfahrplattformen, die auch kommerziell genutzt werden, den dramatisch niedrigen Besetzungsgrad privat genutzter Fahrzeuge signifikant erhöhen und damit den Autoverkehr effizienter machen. Ist das Personenbeförderungsrecht dereguliert – oder explizit für dünn besiedelte Gebiete außer Kraft gesetzt – ist ein Uber-Land-Taxi möglich, mit dem es sich für private Fahrten-Anbieter lohnt, um zahlende Mitfahrende zu werben. Ein individualisiertes öffentliches, wenn auch privat organisiertes zusätzliches Mobilitätsangebot könnte im ländlichen Raum dazu führen, dass überhaupt eine Alternative zum eigenen Fahrzeug entsteht. Auch in diesem Fall würde eine einfache und verlässliche Nutzung für Anbieter und Mitfahrende App-basiert funktionieren. Unter den veränderten Rahmenbedingungen einer generellen Ent-Privilegierung des privaten Autos – beispielsweise bei einer Streichung der Entfernungspauschale und des Dienstwagenprivilegs – kann ein solches ländliches Ride-Sharing dazu führen, dass die Zahl der privat zugelassenen Fahrzeuge auch auf dem Land sinkt.

3.2 KONTUREN EINER NEUEN VERKEHRSWELT

Wie sieht die Verkehrswelt von morgen vor dem Hintergrund von Individualisierung und Digitalisierung aus? Was ist an Veränderungen und an neuen Optionen erkennbar? Um darauf eine Antwort geben zu können, soll im Folgenden der Blick auf die Frage gerichtet werden, ob eine Re-Politisierung der Verkehrspolitik bereits stattfindet und ob um Alternativen zum privaten Auto gerungen wird. Es geht darum, was empirisch konkret im Verkehrssektor zu beobachten ist und inwieweit das Beobachtete im Sinne einer Verkehrswende interpretiert werden kann.

Die Konturen eines zukünftigen Verkehrssystems sind in Umrissen skizziert worden (vgl. z.B. Canzler, Knie 2013: 75ff.). Es zeichnet sich vor allem durch einen schnellen und leistungsfähigen öffentlichen Verkehr mit Bussen und Bahnen, die Nutzung des Fahrrads und vielfältiger Sharingangebote aus. Ergänzt werden diese Angebote durch Ridesharing- bzw. Ridehailing-Dienste, das heißt die Möglichkeit, Plätze in Fahrzeugen auf Abruf *(on demand)* auf der Route der Wahl zu buchen. In dieser digitalen Verkehrswelt wird es auch weiterhin Autos geben, aber diese werden Teil vernetzter Angebote sein.

Busse und Bahnen

Was viele Menschen vor allem in den wachsenden Ballungsräumen in ihrem Alltag subjektiv wahrnehmen, wird durch statistische Erhebungen gestützt: Der Autoverkehr dominiert zwar nach wie vor in hohem Maße das Verkehrsgeschehen und die öffentlichen Räume. Zugleich konnte aber der jahrzehntelange Sinkflug des öffentlichen Nahverkehrs nicht nur gestoppt werden, sondern ein moderates Wachstum setzte ein, wie die Zahlen der jüngsten Mobilität-in-Deutschland-Erhebung belegen (vgl. BMVI 2018). Dabei zeigt sich: Zwischen 2008 und 2017 ist der Anteil von Bus

und Bahn an den zurückgelegten Personenkilometern, also die
Anzahl der Kilometer multipliziert mit der Anzahl der Personen
in ganz Deutschland von 15 Prozent auf 19 Prozent am Verkehrsmarkt gestiegen (s. Abb. 8). Pro Tag stieg die Anzahl der zurückgelegten Personenkilometer mit dem öffentlichen Verkehr von
481 Millionen auf über 600 Millionen. Dabei liegt der Schwer-
punkt des öffentlichen Verkehrs in den Ballungsräumen. Dort
sind Busse und Bahnen keine Restgröße mehr für diejenigen,
die sich kein Auto leisten können. Sie sind unverzichtbar, um die
schiere Masse des Personenverkehrs auf engem Raum bewältigen
zu können. Vor allem in Großstädten wie München oder Berlin
stiegen die Fahrgastzahlen in den vergangenen Jahren kontinu-
ierlich. Dies lag zwar auch an der wachsenden Bevölkerung in
diesen Städten – das absolute Wachstum sagt daher noch nichts
darüber aus, ob sich auch der Anteil des ÖPNV vor allem gegenüber dem privaten Pkw-Verkehr erhöht hätte. Dennoch zeigen die
Zahlen, dass Busse und Bahnen in den Städten insgesamt weiter
an Bedeutung zunehmen. Darauf deuten auch die Ergebnisse der
Untersuchung *Mobilität in Städten*: In Städten mit 100.000 bis
500.000 Einwohnern stieg der Anteil des öffentlichen Personennahverkehrs zwischen 2008 und 2013 von 15 auf 17 Prozent und
in den größeren Metropolen von 19 auf 21 Prozent (vgl. Ahrens
2014). In den meisten ländlichen Regionen nutzen hingegen weniger Menschen den ÖPNV, wobei hier vor allem der Busverkehr
verliert.

Nichtsdestotrotz ist bemerkenswert, dass der ÖPNV seine Rolle im Verkehrsmarkt stabilisieren konnte. Der Stadt-Land-Unter-
schied zeigt dabei, dass Busse und Bahnen dort genutzt werden,
wo ein gutes Gesamtangebot besteht. Dass es dieses Angebot
selbst in Zeiten der Massenmotorisierung gibt, hat auch mit dem
politischen Bekenntnis für ein öffentliches Verkehrssystem zu
tun. Wie andere europäische Metropolen haben auch die meisten
deutschen Großstädte in den vergangenen 20 Jahren umfang-
reiche Investitionen in ein attraktives ÖPNV-Angebot getätigt.
Straßenbahn-, S- und U-Bahnnetze wurden weiter ausgebaut und
Angebotsstandards zum Teil erhöht.

Abbildung 8: Anteil an Personenkilometern in Deutschland zwischen 2002 und 2017

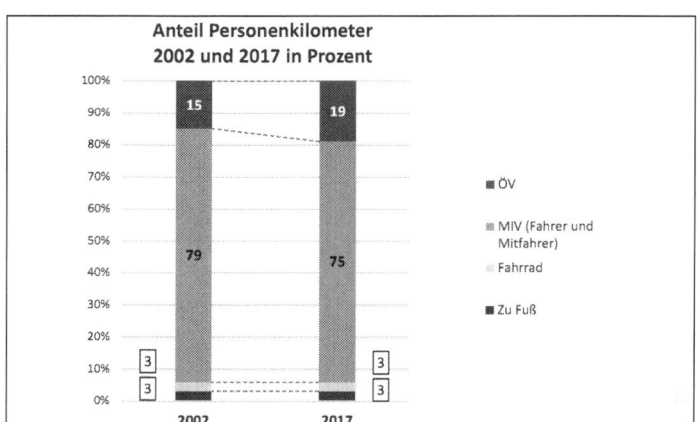

Quelle: infas Institut für angewandte Sozialwissenschaft GmbH: Mobilität in Deutschland – Kurzreport. Kurzreport für/eine Studie des Bundesministerium für Verkehr und digitale Infrastruktur Referat G 13 – Prognosen, Statistik und Sondererhebungen. Bonn 2018, S. 13. Im Text zitiert als BMVI 2018.

Das Fahrrad feiert seine Renaissance

Ähnliches gilt für das Fahrrad. Dieses Verkehrsmittel, das wichtige mentale Vorarbeiten für die massenhafte Verbreitung von Automobilen geliefert hatte und noch bis in die 1950er Jahre den verkehrlichen Alltag dominierte, war im motorisierten Massenverkehr im buchstäblichen Sinne unter die Räder geraten. Der Anteil am Verkehrsmarkt fiel in den 1960er und 1970er Jahren fast unter die Nachweisgrenze. Doch auch das hat sich geändert. Auch hier bestätigen die Zahlen den subjektiven Eindruck, dass in den Städten deutlich mehr Fahrradfahrer unterwegs sind als noch vor zehn Jahren. Allein in München stieg der Anteil des Fahrradverkehrs von 10 Prozent im Jahr 2002 auf über 17 Prozent im Jahr 2011 (raumkomm, Wuppertal Institut 2011). An den zwölf automatischen Zählstellen in Berlin wurden in nur einem Jahr zwischen 2015 und 2016 zwischen 6 und 23 Prozent mehr Radfahrer gemessen (https://www.berliner-zeitung.de/berlin/verkehr/verkehr-in-berlin-so-viele-radfahrer-wie-noch-nie-24788008). Auch auf gesamtdeutscher Ebene ist dieser Trend sichtbar: Laut der größten Verkehrserhebung Deutschlands, der bundesweit erhobenen Mobilität in Deutschland, lag die Zahl der geradelten Personenkilometer 2017 um ein Fünftel höher als 2008 (BMVI 2018: 13). Diese Entwicklung spiegelt sich auch im gesellschaftlichen Diskurs wider. Die Lokalteile der Zeitungen in den Großstädten wie Berlin, München, Hamburg oder Köln sind voll von Meldungen und Diskussionen über den Fahrradverkehr. Denn die Bedeutungszunahme des Fahrrads als Verkehrsmittel ist nicht nur für den konkreten Verkehr selbst relevant. Er ist auch ein Beispiel dafür, wie sich die gesellschaftliche Bedeutungszuschreibung in Hinblick auf ein Verkehrsmittel verändern kann. Wie alle materiellen Gegenstände werden auch Verkehrsmittel kulturell mit Bedeutung *aufgeladen*. Sie dienen uns neben ihrem praktischen Nutzen auch dazu, unsere Persönlichkeit oder unsere Werte auszudrücken oder uns zu einem bestimmten Trend zugehörig zu fühlen. Nachdem das Fahrrad Anfang des 20. Jahrhunderts vom Trendsportgerät zum Massenverkehrsmittel aufgestiegen war und nach dem Beginn der Massenmotorisierung stetig an Bedeutung verlor, erfährt das Fahrrad als Verkehrsgerät eine Renaissance. Das Fahrrad ist wieder zu einem Lifestyle-Produkt geworden, das von der Werbeindustrie gerne als Symbol für ein unkonventionelles Leben, für Jugendlichkeit und Sportlichkeit in Verbindung mit einem dezidiert urbanen Lebensstil eingesetzt wird. Funktionieren kann diese Entwicklung nur, weil das Rad genau das Verkehrsgerät ist, das den individuellen Lebensstil unterstützt und ihm Ausdruck verleiht. Im Windschatten dieser hochaufgeladenen Symbolik hat sich das Rad auch in einfacher technischer Ausführung wieder zu einem Fahrgerät entwickelt, das im Alltag erkennbar und auch genutzt wird. Allerdings zeichnet sich auch hier ab, dass ohne eine grundsätzliche Veränderung der verkehrspolitischen Regulierung das Wachstum des Rades schnell an seine Grenzen stoßen wird.

Neue Optionen in der urbanen Mobilität

Sowohl die gestiegene Bedeutung des Fahrrads als auch des ÖPNV zeigen sich auch in den gängigen Erhebungen zum Verkehrsverhalten. In den Städten zeigt sich, dass der seit den späten 1950er Jahren anhaltende Trend zu steigenden Anteilen des Autoverkehrs aufgehalten werden konnte. Sowohl von den Nutzerinnen und Nutzern als auch im gesellschaftlichen Diskurs werden Fahrrad und ÖPNV zunehmend wieder als wichtige Verkehrsmittel anerkannt. Zugleich erkennen auch neue Akteure auf dem Verkehrsmarkt die Bedeutung der urbanen Zielgruppen mit ihren typischen Mobilitätsmustern. Seit einigen Jahren entstehen in den Großstädten neuartige Mobilitätsangebote mit einer Dynamik, die lange Zeit im Verkehrsbereich völlig unüblich war. Nachdem das Carsharing sich in kleinen Schritten seit Anfang der 1990er Jahre professionalisiert und verbreitet hatte und die Deutsche Bahn diese Entwicklung ab 2002 mit DB Carsharing und Flinkster entscheidend weitergetrieben hatte, erschien wenige Jahre später die Daimler AG als weiterer Player auf diesem Markt – und zwar mit einem Angebot, das Carsharing *on demand* möglich machte. *Car2go* war das erste so genannte Free-Floating-Carsharing-Angebot weltweit. Autos wurden im öffentlichen Raum abgestellt und konnten (und können noch immer) von den registrierten Kunden spontan geöffnet und genutzt werden. Kurze Zeit später startete der Konkurrent BMW mit *DriveNow* ein eigenes Free-Floating-Angebot, andere Unternehmen folgten. Für das Prinzip des Carsharings bedeuteten diese Angebote eine doppelte Revolution: Für die Nutzerinnen wurde es nun möglich, auch spontan für kurze Fahrten ein Auto zu nutzen und das Auto in eine Wegekette einzubauen – man konnte es ja jederzeit im Operationsgebiet beliebig wieder abstellen und für den restlichen Weg oder den Rückweg nach Hause ein anderes Verkehrsmittel nutzen. Für den Carsharing-Markt insgesamt bedeutete es eine Revolution, weil plötzlich Akteure mit enormer Marktmacht in das Spiel einstiegen. Sie haben nicht nur den Zugriff auf Fahrzeuge aus dem eigenen Unternehmen und erhebliche Finanzressourcen, sondern auch schlagkräftige Marketing-Abteilungen, die auf die Einbettung von Konsumprodukten in Lebensstile spezialisiert sind. Mit diesen Ressourcen ausgestattet, trugen die Free-Floating-Carsharing-Angebote dazu bei, die Zahl der angemeldeten Nutzer von Carsharing in Deutschland binnen weniger Jahre auf mittlerweile über 2 Millionen zu steigern.

Carsharing ist damit aus seiner Nische hinausgewachsen. Es erscheint inzwischen durchaus denkbar, dass Carsharing in den kommenden Jahren zu einem festen Bestandteil der Mainstream-Kultur wird. Laut der Studie *Mobilität in Deutschland* gaben 2017 in den Metropolen Hamburg, Berlin und München 14 Prozent der Bevölkerung an, Mitglied in einer Carsharing-Organisation zu sein. Bundesweit liegt dieser Wert bei immerhin 4 Prozent. Hinzu kommen noch die anderen Bike- und Scootersharing-Angebote, die in den Metropolen die Zahl der Sharing-Teilnehmer insgesamt auf über 20 Prozent steigen lässt (vgl. BMVI 2018: 16; Canzler, Knie 2018).

Seit der Einführung von Free-Floating-Carsharing häufen sich nun seit mehreren Jahren die Markteintritte von neuen Anbietern mit zusätzlichen Sharing-Angeboten. Sie setzen auf unterschiedliche Angebote und verändern derzeit das Straßenbild der großen Städte (vgl. Abb. 9). Seit 2015 fahren allein in Berlin knapp 2.000 Elektroroller von verschiedenen Anbietern. Und 2017 begannen asiatische und US-amerikanische Anbieter, den Bikesharing-Markt in Deutschland aufzumischen: Innerhalb von wenigen Monaten stieg die Zahl öffentlich nutzbarer *Free-Floating-Bikes* allein in München auf 7.000 Räder an. Überall im Straßenraum sind die leuchtend bunten Räder der verschiedenen Anbieter zu sehen. Bundesweit waren 2018 mindestens 25.000 Räder im Sharing-modus verfügbar (InnoZ 2018).

Abbildung 9: Anzahl der ÖPNV- und Sharing-Fahrzeuge

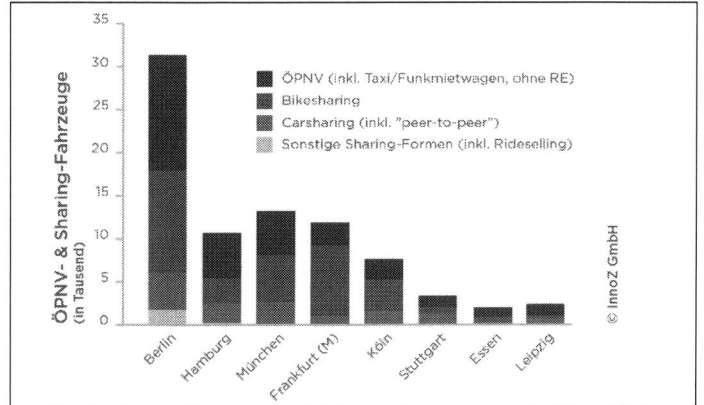

Quelle: InnoZ Mobilitätsmonitor/Christian Scherf; Anbieterbefragung/
Onlinerecherche, Grafik: Lisa Ruhrort/Mahoma Niemeyer

Nachfrageseite: Wer ist heute schon multioptional?

Wer ohne eigenes Auto unterwegs sein will, hat in den dicht besiedelten Zentren der Ballungsräume heute also bereits eine Vielfalt
von Optionen. Und diese werden auch genutzt. Doch wer sind die
Menschen, die diese Angebotsvielfalt heute schon nutzen? Und
welche Rolle spielen diese Alternativen, wenn man sie mit der
Entwicklung des Autoverkehrs vergleicht?

Wie oben dargestellt, stagniert das lange Zeit unaufhaltsam
erscheinende Wachstum des Anteils des privaten Automobils
an den Wegen, der ÖPNV konnte sich zumindest stabilisieren.
In vielen Großstädten hat das Fahrrad Anteile hinzugewonnen.
Das ist eine bemerkenswerte Entwicklung, zieht man in Betracht,
dass über viele Jahrzehnte ein Mehr an Autoverkehr als die unaus-
weichliche Entwicklung auch in den Städten angesehen wurde.
Zugleich zeigen die Zahlen aber auch, dass wir noch nicht sehr
weit auf dem Weg in Richtung Verkehrswende gekommen sind.
Dies wird insbesondere dann deutlich, wenn wir den Blick von
den Städten auf die bundesweite Ebene wenden. Einer steigenden
Nachfrage im ÖPNV in den Städten steht ein Nachfrageschwund

in Bussen und Bahnen auf dem Land entgegen. Die Zahl der Pkw wächst in Deutschland noch immer. Carsharing und Co. sind angesichts dieser Dominanz des Autos bisher noch eine kleine Nischenerscheinung, die, betrachtet man den Gesamtverkehrsaufwand, noch kaum ins Gewicht fällt.

Das Bild vom Verkehr in Deutschland wird zunehmend komplex. Daher lohnt sich ein genaueres Hinsehen. So wird deutlich, dass es tatsächlich einen klaren Trend weg von der ausschließlichen Mobilität mit dem Auto gibt – aber nur bei den jüngeren Menschen. Laut der regelmäßig durchgeführten Erhebung *Deutsches Mobilitätspanel* ist der Anteil von Personen, die über einen Führerschein und einen Pkw im Haushalt verfügten, in der Altersgruppe der 18- bis 35- Jährigen zwischen 2003 und 2012 von knapp 83 Prozent auf knapp 67 Prozent gesunken (MOP 2014). Gleichzeitig stieg der Anteil von Personen mit Führerschein und Pkw im Haushalt bei den über 60-Jährigen von 56 Prozent auf 73 Prozent (vgl. Ahrens 2014). Beim Nutzungsverhalten zeigt sich ein ähnlicher Trend. Gemäß einer von Robert Schönduwe und Lena Damrau am Innovationszentrum für Mobilität und gesellschaftlichen Wandel vorgenommenen Auswertung des Mobilitätspanels waren in den Erhebungsjahren 1999 bis 2008 in der Altersgruppe von 26 bis 35 Jahren durchschnittlich noch 74 Prozent stark monomodale Autonutzer – also Personen, die mehr als drei Viertel ihrer Wege mit dem Auto zurücklegen. In den Jahren 2009 bis 2015 sind im Durchschnitt nur noch 62 Prozent monomodale Autonutzer. Der Anteil derjenigen, die im Alltag verschiedene Verkehrsmittel kombinieren, ist in dieser Altersgruppe gestiegen. Gleichzeitig sind aber die älteren Menschen im Schnitt deutlich monomodaler geworden: In der Altersgruppe ab 71 Jahren stieg der Anteil der stark monomodalen Autonutzer im Vergleich der beiden genannten Zeitscheiben von um die 50 auf um die 60 Prozent (vgl. die Darstellung der Studie in Ruhrort, i. E.). Was hier durchschlägt, ist die nachholende Motorisierung der älteren Frauen (vgl. Ahrens 2014).

Addiert man die Entwicklungen bei den jüngeren und den älteren Gruppen zusammen, ändert sich in der Summe wenig. Tatsache ist aber, dass die jüngeren Menschen dazu tendieren, ihre

Mobilität ohne eigenes Auto oder in einem Mix aus Auto und weiteren Alternativen zu organisieren, vor allem dann, wenn sie in Ballungsräumen leben. Sie sind vielfach Teil einer Mobilitätskultur, in deren Zentrum nicht mehr unangefochten das Auto steht.

Alles elektrisch?

Der *Dieselskandal* und die damit drohenden Fahrverbote auf hoch belasteten Straßen für bestimmte Dieselfabrikate erlangte in den Medien eine hohe Aufmerksamkeit. Das zuständige Verkehrsministerium tat sich schwer im Umgang mit dieser Situation. Im November 2017 wurde den Kommunen Geld angeboten, um ihre ÖPNV-Flotte und die örtlichen Taxis zu modernisieren und anstatt Fahrzeugen mit Dieselmotoren welche mit batterieelektrischen Antrieben anzuschaffen. Einmal abgesehen von dem Umstand, dass zu diesem Zeitpunkt – kurz vor dem jährlichen Kassenschluss – die kommunalen Haushalte zusätzliche Finanzmittel nur schwer verarbeiten können, waren weder Busse noch Taxis mit E-Antrieben erhältlich. Dabei wird seit rund zehn Jahren darüber diskutiert, ob der Verbrennungsmotor noch eine Zukunft hat oder ob er von Alternativen abgelöst werden muss und welche es wohl sein werden.

Bei genauerem Hinsehen ist die Antriebsfrage allerdings nicht mehr so offen, wie es oft scheint. Wenn man den von der Bundesregierung verabschiedeten Klimaschutzplan ernst nimmt, dann hat der Verkehr seine sektorspezifischen Einsparungen noch lange nicht erreicht. Um die Zielwerte für 2030 zu erreichen müssen CO_2-Emissionen von heute über 160 Millionen Tonnen auf unter 100 Millionen Tonnen gesenkt werden (UBA 2017). Angesichts der Tatsache, dass zwischen 1990 und heute trotz vieler technischer Optimierungen überhaupt keine Einsparungen verzeichnet wurden, liegt es nahe, dass die Ziele überhaupt nur durch eine radikale Änderung der technischen Ausstattung sowie durch eine Änderung des Verkehrsverhaltens erreichbar sein werden.

Vor diesem Hintergrund ist der Verbrennungsmotor ein Auslaufmodell. Aus Klimaschutzgründen muss die Verbrennung fossiler Energieträger aufhören, sowohl die Kohle- und Gasverstromung als auch die Nutzung von Mineralöl in Motoren ist bei Anerkennung der verabschiedeten Klimaziele nicht zukunftstauglich. Ihre Substitution durch biogene oder strombasierte Kraftstoffe ist nur dort sinnvoll, wo ein Elektroantrieb schwer möglich ist, wie im Luftverkehr. Das gilt insbesondere für die strombasierten Kraftstoffe, mit denen der Verbrennungsmotor weiterhin betrieben werden könnte. Denn wegen der hohen Umwandlungsverluste ist die dafür notwendige regenerative Inputenergie um ein Mehrfaches höher als bei einer direkten Nutzung (Agora Verkehrswende et al. 2018).

Der Elektromotor hat im Vergleich zu der überkommenen Verbrennungskraftmaschine erhebliche Vorteile. Er ist konstruktionsbedingt viel effizienter als sein Konkurrent, er ist leise, emittiert keine Schadstoffe – zumindest am Auto selbst, alle anderen Emissionen hängen von der Art der Stromerzeugung ab, die jedoch sukzessive erneuerbar sein soll – und ist zudem verschleißarm. Zwar ist noch unklar, wie das Verhältnis zwischen den beiden E-Antriebs-Varianten, direkt über eine Batterie gespeist oder indirekt über einen chemischen Prozess in einer Brennstoffzelle, künftig aussehen wird. Ebenso ist derzeit nicht absehbar, welche Rolle Hybridantriebe spielen werden. Nicht abschließend zu beurteilen ist auch, ob hybride Antriebsvarianten als Übergangstechnik genutzt oder ob sie ein eigenständiges Antriebs- und Fahrzeugsegment bilden werden. Aber dass die Richtung Elektrifizierung heißt, kann als gesichert gelten. Unterstützend kommt hinzu, dass industrie- und umweltpolitische Weichenstellungen in China, aber auch in vielen anderen Ländern und Metropolen weltweit bereits beschlossen sind. So haben auch Indien und viele europäische Länder angekündigt, ab dem Jahr 2030 oder einige Jahre später keine Fahrzeuge mit Verbrennungsmotor mehr zuzulassen (vgl. Die ZEIT 2018). Das gilt im Übrigen nicht nur für Pkw. Auch Busse und Lkw sollen mehr und mehr elektrifiziert werden.

Gibt es genügend Strom aus Erneuerbaren und reicht ein Austausch des Antriebes? Schauen wir auf die großen Zahlen und die Hauptverbraucher, dann stehen die Pkw im Zentrum des Interesses. Ihre Elektrifizierung sollte jedoch nicht einfach einem Austausch des Antriebsaggregates gleichkommen. Das wäre gleich mehrfach problematisch. Über 47 Millionen E-Autos in Deutschland würden den gleichen Platz benötigen wie ihre Vorgängermodelle, und sie würden, wenn sie ähnlich benutzt würden wie vorher, genauso im Stau stehen. Zudem müssten für die Herstellung der Batterien und Brennstoffzellen Ressourcen und insbesondere limitierte und damit tendenziell teure Materialien in einem Umfang verwendet werden, der wirtschaftlich und ökologisch kaum verkraftbar wäre. Hinzu käme ein erheblicher Strommehrbedarf, die Rede ist von 136 Terrawattstunden Strombedarf jährlich allein für den Pkw-Verkehr, was mehr als ein Fünftel der heutigen Gesamtstromproduktion entspricht (vgl. Quaschning 2016: 23). Dieser würde entweder zu einem enormen zusätzlichen Ausbau von Erneuerbaren Energien-Anlagen führen – auf deutlich mehr als den derzeit avisierten maximal 2 Prozent der Fläche in Deutschland, auf denen Stromerzeugungsanlagen und Übertragungsleitungen installiert werden sollen. Oder es müssten große Mengen von EE-Strom aus anderen Weltregionen, vermutlich vor allem aus dem arabischen und nordafrikanischen Raum oder aus Patagonien, eingeführt werden. Das käme einer neuen Importabhängigkeit gleich, die dann die alte Ölabhängigkeit nur ablösen würde.

Die verkehrspolitischen Weichenstellungen

Die Frage ist nun, ob die jungen Menschen, die heute ihre Mobilität multioptional mit verschiedenen Verkehrsmitteln gestalten, spätestens wenn Kinder in den Haushalt kommen, wieder zu Autofahrerinnen und Autofahrern werden. Wäre damit nicht der ganze Effekt passé? Die Antwort lautet: Inwieweit junge Menschen, wenn sie in die Familienphase eintreten, wieder zu

monomodalen Autonutzerinnen und -nutzern werden, hängt entscheidend davon ab, wie sich das Angebot an Alternativen in den
nächsten Jahren entwickeln wird.

Die Attraktivität dieser Verkehrsmittel wird aber nicht nur
vom unternehmerischen Können und einer dynamischen Wett-
bewerbsordnung, sondern ganz entscheidend von verkehrspolitischen Bedingungen abhängen. Wird weiterhin dem Auto flächendeckend und kostenlos Platz zur Verfügung gestellt? Oder
wird massiv in den Ausbau der öffentlichen Verkehrsmittel und
der Fahrradinfrastruktur investiert – auch auf Kosten von Parkplätzen und Autoverkehrsspuren? Wieviel Platz wird für Carsharing und andere neue Mobilitätsangebote geschaffen? Je mehr die
verkehrspolitischen Weichen in Richtung neuer Mobilitätsformen gestellt werden, desto wahrscheinlicher wird es auch, dass
die heute jungen Menschen bei ihren multioptionalen Routinen
bleiben und nicht zu monomodalen Autofahrerinnen und Autofahrern werden. Aber selbstverständlich spielt auch eine große
Rolle, ob genügend bezahlbarer Wohnraum für junge Familien in
den Städten zur Verfügung steht. Sind Familien aufgrund mangelnder oder unbezahlbarer Wohnungen gezwungen, in das verkehrlich weniger gut angeschlossene Umland zu ziehen, steigt
die Wahrscheinlichkeit stark an, dass sie sich ein Auto zulegen.

Entscheidend ist, ob überhaupt und welche Anreize politisch
dafür gesetzt werden, eine Mobilität jenseits des privaten Pkw
leben zu können. Ebenso gilt es zu prüfen, wie denn die jetzi-
gen Rahmenbedingungen den Status quo einer autodominierten
Mobilität unterstützen und zugleich die möglichen Alternativen
beschränken. Die Tendenz hin zu vielfältigeren Mobilitätsmustern ist gesellschaftlich zwar bereits vorhanden – die geltenden
Rahmenbedingungen stehen dem aber bisher entgegen. Sie privi-
legieren direkt und indirekt die private Autonutzung. Die meisten
dieser Privilegien erscheinen uns nach Jahrzehnten so selbstverständlich, dass wir sie überhaupt nicht mehr als solche wahrnehmen.

Die gesetzlichen Rahmenbedingungen stammen in wesentlichen Teilen aus der Anfangsphase der Motorisierung. Sie sind
Ausdruck des politischen Willens, die Massenmobilität mit

Automobilen zu fördern, zu regeln und damit zugleich flächendeckend zu ermöglichen. Sie begünstigen daher ganz bewusst und ganz eindeutig die Nutzung von privaten Pkw. Appelle, das individuelle Mobilitätsverhalten zu verändern, führen insofern unter den herrschenden Bedingungen in die Irre: Man wünscht sich, dass mehr Menschen auf Bus und Bahn umsteigen, fördert aber durch die Rahmenbedingungen zugleich den privaten Autobesitz. Gleichzeitig ist für die öffentlichen Verkehrsangebote, die ja zu einer attraktiven alternativen Mobilität dazu gehören, zu konstatieren, dass die Chancen, die neue Angebote auf Basis der Digitalisierung bieten, bisher kaum genutzt werden oder genutzt werden können. Die verkehrspolitischen Weichenstellungen und die gesellschaftliche Diskussion über eine Mobilität jenseits des privaten Autos werden sich daher um zwei Kernthemen drehen: die Nutzung, Aufteilung und Erhaltung öffentlicher Räume und die Neuerfindung und Neuregelung des öffentlichen Verkehrs. Nur wenn diese Fragen wieder re-politisiert und damit Gegenstand öffentlicher Diskurse werden, lassen sich die Chancen für einen zukunftsweisenden Verkehr ergreifen, die den Bedürfnissen einer individualisierten und pluralisierten Gesellschaft entgegenkommen.

Wer darf die öffentlichen Straßen nutzen und wozu?

Der Schlüssel für die Organisation der Zukunft des Verkehrs liegt in der Bewirtschaftung des öffentlichen Raumes. Die einseitige Bevorzugung des privaten Pkw gipfelt in dem Recht, private Autos im öffentlichen Raum in aller Regel kostenlos abzustellen und beinahe beliebig lange stehen zu lassen (vgl. Notz 2016). Die geltenden gesetzlichen Rahmenbedingungen legen dies so fest. Das Abstellen von betriebsbereiten, privaten Fahrzeugen gilt als so genannter *Gemeingebrauch* an der öffentlichen Straße und ist daher legitimer Nutzungszweck. Auch bei der Planung von Straßen muss das Bedürfnis, private Autos dort zu parken, mit in die Planung einbezogen und die Straße entsprechend gestaltet werden. Im Prinzip gilt dies auch für alle anderen Verkehrsarten: private Fahrräder oder Motorroller dürfen im öffentlichen Raum kostenlos und unbegrenzt parken. Insofern versteht sich das Straßenverkehrsrecht als *privilegienfeindlich*. Damit suggeriert es eine Gleichberechtigung der Verkehrsmittel. Doch tatsächlich ist der Parkplatzverbrauch von Pkw wesentlich höher als der von Fahrrädern oder Motorrollern. Um ausreichend Parkplätze für die im Vergleich enorm großen Pkw zu schaffen, sind Städte gezwungen, einen wesentlichen Teil des öffentlichen Raums zu Parkplätzen umzudefinieren.

Erst durch eine massenhafte Bereitstellung von kostenlosem Parkraum konnte der private Pkw für viele zur attraktivsten Verkehrsalternative werden. Man vergisst gerne, dass die Vorzüge des privaten Autos nicht nur im ungehinderten Fahren, sondern vor allen Dingen im beinahe grenzenlosen Abstellen liegen. Einer der folgenreichsten Effekte des auf Massenmotorisierung ausgelegten Verkehrssystems war und ist der enorme Platzverbrauch der parkenden Autos, vor allem in den Städten. Und hier zeigt sich besonders deutlich, wie ineffizient private Autos sind, da diese Vehikel – wie schon erwähnt – im Durchschnitt mehr als 23 Stunden am Tag ungenutzt herumstehen und zwar in den Städten zumeist auf öffentlichem Grund.

Gerade weil Autos während ihrer Lebensdauer meistens stehen und tatsächlich kaum in Bewegung gesetzt werden, mussten zur Ermöglichung der Massenmotorisierung auch in jeder noch so kleinen Straße praktisch alle nicht für den fließenden Verkehr gebrauchten Flächen zu Autoabstellplätzen erklärt werden. Entscheidend war der dafür vorhandene politische Wille. Wenn aber einmal ein solches *Recht auf freies Parken* in die Welt gesetzt ist, dann sind Konflikte um den begrenzten Raum vorprogrammiert. Denn natürlich wird jede auch nur temporär vorgenommene Umwidmung als ein Anschlag auf die freiheitlich-demokratische Grundordnung verstanden. Der Ärger von Autonutzern über den vermeintlichen Parkplatzmangel ist Gegenstand alltäglicher Debatten. Darin spiegelt sich der für selbstverständlich hingenommene Anspruch, als Autofahrer automatisch einen in der Regel kostenlosen Abstellplatz für sein privates Fahrzeug an allen denkbaren Zielorten vorzufinden. Es gibt keinen anderen privaten Gegenstand, der einfach auf öffentlichen Flächen abgestellt werden darf. Dies ist nur betriebsfähigen, privaten Fahrzeugen vorbehalten, die seit den 1930er Jahren im Sinne einer prosperierenden Wirtschaft als *Gemeingebrauch* definiert wurden.

Parken als Gemeingebrauch

Die Unterscheidung von Gemeingebrauch und Sondernutzung des öffentlichen Straßenraums, wie sie in den Straßengesetzen der Bundesländer festgelegt ist, erscheint auf den ersten Blick unspektakulär, hat aber große Wirkung. Im Sinne des Subsidiaritätsprinzips sind die Bundesländer für die öffentlichen Straßen zuständig – mit Ausnahme der Bundesstraßen und Autobahnen, für die der Bund ausdrücklich die Zuständigkeit innehat. So haben alle Bundesländer ein Straßengesetz. Dieses regelt unter anderem, für welche Aktivitäten die Straße als Teil des öffentlichen Gemeinguts genutzt werden darf, während das Straßenverkehrsrecht die Regeln für das Verkehrsverhalten und die Regelung des Verkehrs durch die Ordnungsbehörden vorgibt.

In den Straßengesetzen geht es unter anderem darum, wer welche Nutzungsrechte an öffentlichen Straßen beanspruchen darf: Was fällt in den *normalen Gebrauch der Straße* und was geht darüber hinaus? Das Straßenrecht verwendet dabei die Grundformel, dass öffentliche Straßen dem öffentlichen Verkehr gewidmet sind (siehe beispielsweise § 2 Absatz 1 Berl StrG). Mit öffentlichem Verkehr sind hier aber nicht Busse und Bahnen gemeint, sondern die Bewegung von Menschen im Raum. Eine öffentliche Straße ist zwar Eigentum der Stadt. Sie dient aber dazu, von der Öffentlichkeit genutzt zu werden. In diesem Sinne wird die öffentliche Straße der Öffentlichkeit im Rahmen des Gemeingebrauchs zur Verfügung gestellt. Damit wird einerseits klargestellt: Alle Menschen sollen die Straße verkehrlich nutzen dürfen. Niemand darf die Straße für seine oder ihre private Nutzung vereinnahmen. Soll dies doch zu einem gewissen Grade geschehen, zum Beispiel wenn eine Restaurantbesitzerin Tische auf dem Gehweg aufstellen will, so gilt dies als Sondernutzung, für die man eine Genehmigung braucht und gegebenenfalls Gebühren bezahlen muss. Dieser Grundansatz spiegelt den Wert wider, der dem öffentlichen Raum als öffentliches geteiltes Gut zugemessen wird (vgl. Notz 2016). Zugleich wird allerdings mit der Widmung für den Verkehr festgeschrieben, dass die Straße in allererster Linie als Verkehrsraum dient. Andere Nutzungen als die verkehrlichen wie zum Beispiel Kinderspiel und Aufenthalt werden zunächst einmal hintangestellt. Dies ist keine Selbstverständlichkeit, bedenkt man, dass in früheren Zeiten die Räume zwischen den Häusern einer Stadt zu vielfältigen Zwecken genutzt und nicht ausschließlich als Transiträume verstanden wurden. Beispielsweise wurden dort auch Fußball oder andere Sportarten gespielt. Öffentliche Plätze erinnern heute noch an diese Mischung zwischen verkehrlicher Nutzung und Nutzung als Lebensraum für vielfältige Zwecke.

Doch hinter dem Begriff des (verkehrlichen) Gemeingebrauchs verbirgt sich vor allem ein Problem. Denn zum Gemeingebrauch zählt nicht nur das Fahren, sondern auch das Abstellen von (betriebsbereiten) Fahrzeugen. Jeder und jede hat also das Recht, sein oder ihr Fahrzeug (sofern es tatsächlich fahrtüchtig ist) auf der Straße abzustellen und für die weitere Nutzung bereit zu halten. In Zeiten der Massenmotorisierung bedeutete dies allerdings, dass die öffentlichen Räume von einer Flut von privaten Autos überschwemmt wurden. Zunächst wurde versucht, an allen Ecken und Enden der Städte Platz für parkende Autos zu schaffen – denn öffentliche Straßen sollen in der Regel so geplant und gebaut werden, dass sie dem regelmäßig zu erwartenden Verkehrsbedarf entsprechen. Wenn dieser Bedarf nun einmal darin besteht, dass möglichst jeder Haushalt und heute möglichst jede erwachsene Person ihr eigenes Auto dort abstellen kann, bedeutet dies, dass ein Großteil des öffentlichen Straßenraums zum Aufbewahrungsort für private Fahrgeräte umgebaut werden muss – und zwar unabhängig davon, wie groß der Anteil der Wege ist, die mit dem Auto zurückgelegt werden. In Berlin wird beispielsweise nicht einmal jeder dritte Weg mit dem Auto zurückgelegt, der Autoverkehr nimmt aber laut einer Studie der Agentur für Clevere Städte (2014) fast 60 Prozent des Straßenraums ein.

Die Entscheidung, dass zum Gemeingebrauch der öffentlichen Straßen auch das Abstellen von privaten Autos gehört, ist eine der wichtigsten Weichenstellungen dafür gewesen, dass das private Auto den heutigen Stellenwert als Hauptverkehrsmittel erlangen konnte. Lange Zeit erschien diese Auffassung so selbstverständlich, dass man sie in der Regel kaum mehr als Produkt einer verkehrspolitischen Entscheidung, sondern als *naturgemäße* Tatsache wahrnahm.

Im Verkehrsrecht kommt eine paradoxe Rechtsauffassung zum Ausdruck: Der Gesetzgeber (also das Volk) will ausdrücklich verhindern, dass öffentliche Straßen von Einzelnen für ihre privaten Zwecke vereinnahmt werden. Straßenrecht und Straßenverkehrsrecht sollen *privilegienfeindlich* sein. Alle dürfen am Gemeingebrauch teilhaben. Zugleich erkennt das Straßenrecht aber mit der Zuordnung des Parkens als Gemeingebrauch an, dass weite Teile des öffentlichen Straßenraums von Privatleuten zum Abstellen ihrer Autos benutzt werden dürfen – und macht damit den Weg frei für eine Privatisierung des öffentlichen Raums für die Gruppe der Autobesitzer (vgl. Notz 2016). Der einzige Unterschied zu einer *echten* Privatisierung öffentlicher Räume besteht darin, dass nicht eine einzelne Autobesitzerin einen bestimmten Parkplatz dauerhaft für sich beanspruchen kann. Bestätigt wurde diese privilegienfeindliche Auslegung letztmalig durch ein Urteil des Bundesverwaltungsgerichts aus dem Jahr 1971, bei dem es um die Frage ging, ob diplomatische Missionen in der damaligen Bundeshauptstadt Bonn Sonderparkrechte für ihre Fahrzeuge beanspruchen dürfen (vgl. Guber, Scherer 2013). Das Gericht entschied, dass solche Bevorrechtigungen nicht zulässig sind: Wenn ich wegfahre, darf jemand anderes *meinen Parkplatz* besetzen – dies gilt für alle, ob reich oder arm. Die Porschefahrerin hat hier kein Vorrecht vor dem Kia-Fahrer. Insofern trägt diese Entscheidung durchaus gewisse egalitäre Züge: Der Gemeingebrauch am Löwenanteil der vorhandenen Freiflächen steht allen Autobesitzerinnen und -besitzern offen. Feldtkeller bezeichnete dies schon im Jahr 1994 als »Beschlagnahmung öffentlichen Raums für private Zwecke« und versuchte damit, die als weitgehend konsensfähig scheinende Auffassung in Frage zu stellen, dass die Interessen der Autobesitzerinnen und -besitzer quasi automatisch mit den Interessen der Allgemeinheit gleichzusetzen seien (vgl.

Feldtkeller 1994). Das Gesetz zeigt daher auch noch den Geist seiner Entstehung in den 1930er Jahren. Es war das nationalsozialistische Regime, das den Autobesitz zu einem wichtigen Element der Volksgemeinschaft deklarierte.

Die ursprüngliche Basis für die weit verbreitete Anspruchshaltung, überall im öffentlichen Raum einen in der Regel kostenlosen Parkplatz für sein privates Auto vorzufinden, liegt also in der gerichtlich gestützten, tradierten Interpretation des Gemeingebrauchs in den Landesstraßengesetzen begründet. Es mehren sich aber die Stimmen, die diesen Konsens in Frage stellen. Dazu trägt auch eine ganz junge Entwicklung in einigen Großstädten bei: International agierende Bikesharing-Unternehmen stellten in kürzester Zeit tausende von öffentlich nutzbaren Fahrrädern auf öffentliche Straßen. Sehr bald regten sich zum Beispiel in München und Berlin Proteste und kritische Stimmen der Kommunalverwaltungen. Bezirksbürgermeister stellten die Frage: Ist es noch Teil des Gemeingebrauchs, dass Unternehmen mit gewerblichen Absichten die Fahrräder zum Entleihen in den öffentlichen Straßenraum stellen? Oder handelt es sich hierbei schon um eine genehmigungsbedürftige Sondernutzung? Ohne es zu beabsichtigen, werfen die zuständigen Behörden und Lokalpolitiker eine Frage auf, die auch auf das Recht auf freies Parken von Privatfahrzeugen zurückfällt. Denn die größten Platzfresser in den dicht besiedelten Innenstädten sind nicht einige tausend Leihfahrräder oder einige hundert Carsharing-Autos, sondern die Millionen privater Pkw. Die privaten Autos sind dabei jeweils nur exklusiv für wenige Personen nutzbar – die Leihfahrräder stehen hingegen allen zur Verfügung. Mit der seit dem Sommer 2018 beginnenden Diskussion um den Sinn und Zweck von massenhaften Leihrädern im öffentlichen Raum könnte die Verwaltung also unbeabsichtigt die Büchse der Pandora geöffnet haben. Auf jeden Fall ist damit ein Anfang gemacht, um den Begriff des Gemeingebrauchs neu zu diskutieren. Die spannende Frage wird sein, ob vor allem in den Innenstadtbezirken mit relativ wenigen Autobesitzerinnen und -besitzern ein echter Diskurs über dieses Thema entstehen kann. Im Kern geht es dabei um nichts Geringeres als um die Nutzungsrechte in öffentlichen Räumen. Deren Wert wird aktuell neu erkannt.

Tanz um die Stellplätze

Eine re-politisierte Verkehrspolitik könnte sich schon bald mit einem weiteren Instrument zur indirekten Förderung des privaten Pkw befassen: nämlich mit den so genannten Stellplatzsatzungen. In den meisten Städten und Gemeinden gilt nach wie vor: Wer ein Gebäude baut, ist dazu verpflichtet eine bestimmte Anzahl an Pkw-Stellplätzen zu errichten (vgl. Heinrichs, Schreiber 2016). In der Regel sind also Bauherren in Deutschland gesetzlich angehalten, auf eigene Kosten Infrastrukturen für den privaten Autoverkehr zu schaffen. Der Staat nutzt hier den gesetzlichen Zwang und damit das stärkste Mittel, das er für die Steuerung privatwirtschaftlicher Investitionsentscheidungen zur Verfügung hat, um den privaten Autoverkehr erst so richtig attraktiv zu machen. Denn von Anfang an galt im Prozess der Massenmotorisierung: Die Liebe zum Automobil kann sich nur dann entwickeln, wenn das Gerät auch wirklich überall einfach abzustellen ist.

Begründet wird der gesetzliche Zwang auch hier wieder mit dem Allgemeinwohl und auch hier stammt dieser Gedanke aus den 1930er Jahren. Unter dem Begriff der Reichsgaragenordnung hatten die Nazis bereits früh erkannt, dass auch privaten Investoren der Zwang zur Vorhaltung entsprechender Infrastruktur vorgeschrieben werden muss und so erfanden sie die Auflage, bei jedem Neubau Stellflächen vorzuhalten (vgl. Canzler, Knie 2018). Diese Regelung wurde im Kern in die bundesrepublikanische Gesetzgebung übernommen. Sie wird auch heute noch in den meisten Gemeinden als Notwendigkeit angesehen und auch exekutiert: Der öffentliche Raum soll vom Parkdruck entlastet werden. Daher müssen die privaten Bauherren für die notwendigen Stellplätze aufkommen. Interessant ist dabei die Logik der so genannten Anpassungsplanung: Es wird auch hier von einem quasi naturwüchsigen Verkehrsaufkommen ausgegangen, das in der Regel mit privaten Pkw bewältigt wird. Dabei hätte man schon in den frühen Zeiten der Motorisierung durchaus andere Wege wählen können, um dem steigenden Parkdruck im öffentlichen Raum entgegenzuwirken. Zum Beispiel wäre es möglich gewesen (und wäre auch heute weiterhin möglich), flächendeckend angemessene, das heißt am Marktwert orientierte Gebühren für das Parken auf öffentlichen Straßen einzuführen. Dies würde dazu führen, dass der kostbare öffentliche Raum effizienter genutzt wird. Die Einnahmen könnten zum Beispiel dafür verwendet werden, die Anbindung mit öffentlichen Verkehrsmitteln oder dem Fahrrad zu verbessern oder auch, um Parkplätze außerhalb des öffentlichen Raums etwa in Parkhäusern zu finanzieren. Erst eine kleine Zahl von Bundesländern ist inzwischen dazu übergegangen, Investoren den Bau von Stellplätzen gegen Kompensationszahlungen zu erlassen. Allerdings können Gemeinden bei der Verabschiedung von Bebauungsplänen Investoren zur Erlangung von Baurechten noch immer Auflagen zur Errichtung von Parkplätzen machen. Denn in vielen Großstädten wurde seit den 1990er Jahren das Problem erkannt, dass mit der zwangsweisen Errichtung *ausreichender Parkflächen* in jedem Neubau de facto immer mehr Autoverkehr in die Städte gezogen wurde (vgl. Dümmler, Hahn 2011). Dem Auto rollte man flächendeckend den roten Teppich aus – und dementsprechend stieg die Motorisierung auch in den dicht besiedelten Zentren der Großstädte. Daraufhin begannen Kommunen, ihre Stellplatzanforderungen unter Berücksichtigung des Kriteriums einer guten ÖPNV-Anbindung zu reduzieren oder zu modifizieren (vgl. Heinrichs, Schreiber 2016). Zum Beispiel wurden Stellplatzobergrenzen für besonders zentrale Lagen eingeführt – manchmal verbunden mit der Auflage, dass für die Differenz zur *normalen Stellplatzanzahl* pro Stellplatz eine Ablösesumme zu zahlen war, die dann in die Verbesserung des ÖPNV oder des Fahrradverkehrs investiert wurde. Das Land Berlin beschloss schon in den 1990er Jahren, lieber ganz auf eine Stellplatzpflicht zu verzichten. Andere Kommunen wie Bremen sahen in ihren Stellplatzsatzungen explizit die Option vor, die Ablösesummen zur Finanzierung von Radverkehr-, ÖV- oder Carsharing-Anlagen zu nutzen (ebd.).

Viele Städte experimentieren mit neuen Ansätzen jenseits von Stellplatzformeln und Ablösesummen, allerdings oft ohne

Wirkung. Vor allem die Investoren von hochpreisigen Wohn- und Geschäftsgebäuden bauen Tiefgaragen, weil sie davon ausgehen, dass Käuferinnen und Mieter Stellplätze wünschen und erwarten. Doch auch in diese bisher scheinbar selbstverständliche Erwartung scheint Bewegung zu kommen. Wer heute in Großstädten wie München, Frankfurt, Düsseldorf und neuerdings auch Berlin eine Wohnung kaufen möchte, sieht sich mit so hohen Preisen konfrontiert, dass die Option, auf einen eigenen Stellplatz in der Tiefgarage zu verzichten, zunehmend in Kauf genommen wird.

Öffentliche Räume und das Straßenverkehrsrecht

Die bestehenden – und oftmals weit in die Geschichte zurückreichenden – gesetzlichen Rahmenbedingungen schränken die Möglichkeiten von Kommunen, eine konsequente Politik in Richtung eines multioptionalen Verkehrsangebotes zu machen, drastisch ein. Die Liebe zum Automobil ist zwar anscheinend erloschen, es darf aber offenbar auch keine neue Liebe jenseits des Automobils geben. Neben dem Recht auf freies Parken ist das Straßenverkehrsrecht nach wie vor ein Instrument zur Förderung des Automobilverkehrs.

Aber auch hier nimmt eine verkehrspolitische Diskussion langsam Fahrt auf, ausgelöst vor allem durch die wachsende Verkehrsbelastung und drohende Fahrverbote in vielen Städten. Im Mittelpunkt steht die Straßenverkehrsordnung, an die die kommunalen Behörden gebunden sind, wenn sie den Verkehr gestalten wollen.

Für die meisten Menschen ist die Straßenverkehrsordnung (StVO) ein vertrauter Begriff, denn spätestens beim Erwerb des Führerscheins muss man sich damit auseinandersetzen. Die wenigsten denken aber über die Ursprünge dieser Verordnung oder ihrer gesetzlichen Grundlage nach. Die StVO wird auf der Grundlage des Straßenverkehrsgesetzes (StVG) erlassen. Nimmt man dieses zur Hand, wird schon im ersten Paragraphen deutlich, dass es sich hierbei nicht um ein *Verkehrsplanungsgesetz* handelt, das heutigen Maßstäben und Bedürfnissen gerecht wird. Anstatt mit Zielen oder Definitionen geht es gleich in § 1 Absatz 1 StVG

ausschließlich um das Automobil:»Kraftfahrzeuge und ihre Anhänger, die auf öffentlichen Straßen in Betrieb gesetzt werden
sollen, müssen von der zuständigen Behörde (Zulassungsbehörde) zum Verkehr zugelassen sein.« In diesem ersten Paragraphen
spiegeln sich die Herkunft und der ursprüngliche Daseinszweck
des StVG. Es basiert auf dem »Gesetz über den Verkehr mit Kraftfahrzeugen« aus dem Jahr 1909. Der Anlass für das Gesetz war
der wachsende Kraftfahrzeugverkehr, der vor allem in den Städten
zwar nicht unnötig eingeschränkt, aber doch so geregelt werden
sollte, dass Unfälle vermieden werden. Daher wurde erstmals die
Notwendigkeit gesehen, das tägliche Miteinander im öffentlichen
Straßenverkehr gesetzlich ausführlich zu regeln. Im Jahr 1953
ist auf dieser Basis dann das Straßenverkehrsgesetz beschlossen
worden, das weiterhin vor allem der Regelung des KFZ-Verkehrs
gewidmet ist.

Wer heute die auf Basis des StVG erlassene Straßenverkehrsordnung betrachtet, findet ein Regelwerk vor, das viele Aspekte
des Straßenverkehrs kleinteilig ausgestaltet. Dort ist zum Beispiel
geregelt, wer wann bei welcher Geschwindigkeit überholen darf,
wo welche Verkehrszeichen aufgestellt werden dürfen und wie
ein Fußgänger die Straße zu überqueren hat. Ein bewunderungswürdiges Werk also, das zweifellos geeignet ist, zu *Sicherheit und
Ordnung* des Verkehrs beizutragen. Was aus Sicht einer modernen Mobilitätspolitik und der entsprechenden Planung der Voraussetzungen nachhaltiger Mobilität fehlt, ist erst auf den zweiten
Blick ersichtlich. Auch hier zeigt sich die Ent-Politisierung der
Verkehrspolitik. Entscheidende Regelwerke sind den öffentlichen
Debatten entzogen, weil sie wie Naturgesetze wirken.

Für die Straßenverkehrsordnung ist zunächst einmal der
Bund zuständig. Für den Straßenverkehr sollen bundesweit einheitliche Regeln gelten. Insbesondere aus der Sicht der Nutzer
der damaligen Kraftfahrzeuge schien es wichtig, dass überall in
Deutschland die gleichen Verkehrsregeln gelten sollten. Auch
das Verhalten der anderen Verkehrsteilnehmer, insbesondere
der Fußgänger und Fahrradfahrer, sollte einheitlich und damit
vorhersehbar werden. Dies scheint aus Gründen der Sicherheit
durchaus sinnvoll.

Als Problem erweist sich aber, dass das Straßenverkehrsrecht historisch als *sachlich begrenztes Ordnungsrecht* entwickelt wurde. Es zielt darauf ab, dass die Straßen frei genutzt werden dürfen – Beschränkungen dieser *freien Fahrt* sollen nur soweit gemacht werden, wie es nötig ist, um die Sicherheit der Verkehrsteilnehmer und einen optimalen Verkehrsfluss zu ermöglichen (vgl. Notz 2016). Aus Sicht einer nachhaltigen Verkehrsentwicklung werden dadurch aber die Handlungsmöglichkeiten der Kommunen zur Gestaltung des Verkehrs stark begrenzt. Denn im Grundansatz dürfen die Kommunen Beschränkungen des (fließenden) Verkehrs zunächst einmal nur dort anordnen, wo dies durch eine besondere Gefahrenlage gerechtfertigt ist. De facto heißt dies, dass die Kommune selbst im Zweifel die Beweislast hat: Die Behörde muss, wenn sie in den Verkehr eingreifen will, für jeden einzelnen Fall prüfen und schlüssig darlegen, dass an der entsprechenden Stelle eine besondere Gefahrenlage besteht (Werner 2017, ebenso Notz 2016). Hier zeigt sich: Die Sicherheit und Ordnung (vor allem im Sinne der Flüssigkeit) des Verkehrs sind die Schutzgüter mit der höchsten Priorität. Das Ziel der Gestaltung des Verkehrs, zum Beispiel im Sinne einer Reduktion des Autoverkehrsanteils oder der Attraktivitätssteigerung der alternativen Verkehrsmittel, ist hingegen ausdrücklich als eigenständiger Regelungszweck nicht vorgesehen.

Es gibt auch hier Ausnahmen von der Regel. Bestimmte Maßnahmentypen dürfen inzwischen auch ohne direkte ortsbezogene Gefahrenlage umgesetzt werden: So wurde zum Beispiel mit der Änderung der Straßenverkehrsordnung im Jahr 2016 den Kommunen die Möglichkeit eingeräumt, auch ohne Nachweis einer *besonderen örtlichen Gefahrenlage* Radfahrstreifen (also mit durchgängiger Linie markierte Fahrstreifen für Fahrradfahrer auf der Fahrbahn) anzulegen. Es brauchte, wie die Kritikerinnen und Kritiker aus der Fahrradszene jahrelang angemahnt haben, aber erst einmal Unfälle, bevor diese Maßnahmen als zulässig galten. Eine ähnliche Novelle wurde für Geschwindigkeitsbegrenzungen an Hauptverkehrsstraßen eingeführt: Immerhin dürfen die Kommunen nun vor Kindergärten, Schulen und anderen sozialen Einrichtungen auch auf Hauptverkehrsstraßen Tempo 30 anordnen, ohne dass dort eine »besondere Gefahrenlage« nachgewiesen werden muss. Die Kommunen sind nach wie vor nur beschränkt handlungsfähig, wenn sie an Hauptverkehrsstraßen Tempo-30-Zonen einrichten möchten. Dabei möchte man meinen, dass eine Kommune am besten selbst entscheiden könne, wo auf Hauptverkehrsstraßen Tempo 30 sinnvoll wäre und wo nicht. Kritiker der herrschenden Rechtsauffassung wie zum Beispiel das Umweltbundesamt fordern daher eine Änderung der Straßenverkehrsordnung: Tempo 30 solle zur Regelgeschwindigkeit werden. Tempo 50 könne dann weiterhin auf den Hauptverkehrsstraßen angeordnet werden. Dies wäre dann aber der begründungsbedürfte Tatbestand – und nicht wie heute die Anordnung von Tempo 30.

Auch bei den Ausnahmen gibt es also noch Auflagen, die die Handlungsmöglichkeiten der Kommunen einschränken. Ein weiteres Beispiel: Fahrradstraßen. Im Jahr 2015 sammelte die Initiative Volksentscheid Fahrrad etwa 100.000 Unterschriften für einen umfassenden Ausbau der Fahrradinfrastruktur in Berlin. Mit der Wahl einer rot-rot-grünen Regierung begannen dann Verhandlungen über ein Mobilitätsgesetz, das die Forderungen des Volksentscheids aufgreifen sollte. Unter anderem forderten die Fahrradaktivistinnen und -aktivisten explizite Ziele für den schnellen Ausbau des Fahrradstraßennetzes: Pro Jahr sollten bis 2025 eine bestimmte Zahl von Straßen zu Fahrradstraßen umgewidmet werden. Ein Rechtsgutachten stellte aber fest, dass eine solche gesetzliche Vorgabe nicht mit der StVO in Einklang steht: Die Kommune kann Fahrradstraßen nur dort einrichten wo »der Radverkehr die vorherrschende Verkehrsart ist oder dies alsbald zu erwarten ist« (VwV-StVO zu § 41, Zeichen 244.1 und 244.2 StVO, zitiert nach Werner 2017). Es muss also immer noch in der Regel für jede mögliche Straße erst einmal nachgewiesen werden, ob dort eine Fahrradstraße eingerichtet werden darf. Umgekehrt bedeutet dies: Als Begründung für die Umsetzung einer Fahrradstraße genügt es nicht, dass die Kommune den Anteil des Radverkehrs in der Stadt insgesamt erhöhen will.

Es ist also im Kern einer Kommune nicht einfach möglich zu sagen:»Wir wollen, dass sich der Verkehr in unserer Stadt in diese oder jene Richtung entwickelt. Dafür werden wir Maßnahmen zur Gestaltung des Verkehrs treffen, die geeignet sind, diese Ziele zu erreichen.« Den Kommunen sind durch die StVO enge Grenzen gesetzt, wenn sie eine *Verkehrsentwicklungsplanung* umsetzen wollen: das heißt, wenn sie nicht nur die technischen Infrastrukturen für die Bewältigung des Verkehrs planen, sondern die Entwicklung des Verkehrs selbst durch planerische Maßnahmen beeinflussen wollen.

Die StVO ist vor allem darauf ausgelegt, den Verkehr, der scheinbar *naturwüchsig* aus den Bedürfnissen der Menschen heraus entsteht, in geordnete und damit möglichst sichere Bahnen zu lenken. Es schien auch lange Zeit offensichtlich, dass das *natürliche* Verkehrsbedürfnis, wann immer möglich, mit dem privaten Auto befriedigt würde. Demgegenüber setzt sich heute aber immer mehr das Verständnis durch, dass die Gesellschaft selbst durch die Infrastrukturen und Anreize, die sie schafft, die Entwicklung des Verkehrs (mit-)gestaltet. »Wer Straßen säht, wird Autoverkehr ernten«, dieser Ausspruch zeigt sich auch hier wieder bewahrheitet und diesmal als normsetzende Rechtspraxis. Wenn Kommunalverwaltungen auf der Basis der erloschenen Liebe zum Automobil die Vormachtstellung des privaten Fahrzeuges im fließenden Verkehr zugunsten anderer Verkehrsmittel neu regeln wollen, werden sie von der bestehenden StVo darin begrenzt und können schon mit einem kurzen Verweis auf die herrschende Rechtsprechung den Wind aus der politischen Debatte nehmen. Es gilt also dringlich daran zu erinnern, dass auch dieser Teil des Verkehrsrechtes eine aus längst vergangenen Zeiten stammende Festschreibung der Vormachtstellung des Automobils ist.

Das Straßenverkehrsrecht ist sicher nicht der einzige Grund, warum viele Kommunen eine Verkehrsplanung zugunsten des Autos machen. Sie schöpfen auch die im Rahmen des heutigen Straßenverkehrsrechts vorhandenen Handlungsspielräume für eine nachhaltigkeitsorientierte Verkehrspolitik bei weitem noch nicht aus. So zum Beispiel beim Fahrradverkehr: Grundsätzlich erlaubt § 45 des Straßenverkehrsrechts die Einrichtung von Fahrradwegen auch ohne ortspezifisch erhöhte Gefahrenlage. Trotzdem gibt es nach wie vor zum Beispiel in Berlin an vielen

Hauptverkehrsstraßen keine Radwege. Die Rahmenbedingungen machen es den Kommunen aber noch zusätzlich schwer. Die Verfechter einer weniger autoorientierten Verkehrspolitik fordern daher eine Reform hin zu einer »Straßennutzungsordnung« (vgl. ADFC o.J.: 24), die alle Verkehrsträger gleichrangig betrachtet und zudem das Verhältnis von verkehrlichen Nutzungen im engeren Sinne zu anderen möglichen Nutzungen öffentlicher (Straßen-)Räume, begriffen als Lebensräume in der Stadt und nicht nur als verkehrliche Transiträume, sinnvoll regeln sollte. Es gibt schon Vorschläge dafür, wie ein solcher Ansatz mit überschaubarem Aufwand in das Straßenverkehrsrecht eingefügt werden könnte: Zum Beispiel in Form eines Passus, der klarstellt, dass die Kommunen verkehrslenkende Maßnahmen grundsätzlich auch mit der Begründung ergreifen dürfen, dass sie den Verkehr auf gesamtstädtischer Ebene optimieren und in bestimmte, vorher festgelegte, Bahnen lenken wollen; einschließlich zum Beispiel des Ziels (wenn politisch gewünscht), den Autoverkehr insgesamt oder den Anteil des Autoverkehrs zu verringern (vgl. Werner 2017). Vorbild hierfür könnte das Bauplanungsrecht sein: In dieses wurde 2009 ausdrücklich das Ziel einer verkehrssparsamen und für den öffentlichen Verkehr günstigen Raumentwicklung aufgenommen (Notz 2016). Auch der Deutsche Städtetag, die offizielle Vereinigung der deutschen Kommunen, äußerte sich schon in Richtung einer grundsätzlichen Neubewertung verkehrsrechtlicher Grundbegriffe. Es sollte eine »grundsätzliche Neuabgrenzung von ›Gemeingebrauch‹ und ›Sondernutzung‹ geprüft werden, um zu einer multifunktionalen, zeitlich und räumlich flexiblen Nutzung des öffentlichen Raums zu gelangen« (Deutscher Städtetag 2016). Auch die Kernfrage des kostenlosen Parkens bringt der Städtetag ins Spiel: »Hierzu trägt auch eine Gebührenhöhe insbesondere für das Parken [...] bei, die den wirtschaftlichen Vorteil angemessen berücksichtigt.« (Ebd.)

3.3 Die Neuerfindung
des öffentlichen Verkehrs

Neben der Regelung des Verkehrsraumes für den parkenden und fließenden Verkehr spielt die Organisation des öffentlichen Personennahverkehrs (ÖPNV) eine Schlüsselstellung beim Umbau der Verkehrslandschaft. Wenn die Annahme richtig ist, dass vor allen Dingen in den Städten die Lebensformen individueller und pluraler organisiert werden und ein Großteil der Stadtbevölkerung eine Alternative zum privaten Auto sucht, dann sind für den städtischen wie aber auch für den ländlichen Verkehr umfassende Regiearbeiten notwendig. In der Literatur sowie auch in der allgemeinen Öffentlichkeit wird in diesem Zusammenhang schnell die Forderung erhoben, den ÖPNV zu stärken und als Rückgrat einer neuen Verkehrslandschaft aufzubauen. Doch auch hier sind die Spielräume eingeschränkt, weil die Organisation des öffentlichen Verkehrs in Deutschland auf politischen Entscheidungen einer längst vergangenen Zeit beruht. So wie die Attraktivität des privaten Autos in die Ordnung der Verkehrslandschaft gleichsam *eingebaut* ist, so ist die fehlende strategische Kompetenz zur Gestaltung einer zukünftigen Verkehrswende in den gesetzlichen Grundlagen des ÖPNV fixiert. Innovationen, die zu einer wirklichen Konkurrenz zum privaten Automobil führen könnten, sind nahezu ausgeschlossen. Experten sind sich dabei weitgehend einig, dass gerade in den wachsenden Ballungsräumen ein dichtes Netz von Bussen, Bahnen und/oder anderen Verkehrsangeboten mit hoher Kapazität im Zentrum der Verkehrsplanung stehen muss. Öffentlicher Verkehr wird zwar von praktisch allen politischen Lagern bis hin zum ADAC als absolut notwendig eingeschätzt – und er wird ja auch von Millionen von Fahrgästen täglich genutzt. Doch das Image, das der öffentliche Verkehr in Deutschland in der Politik hat, ist nach wie vor eher bescheiden.

Der öffentliche Verkehr als Teil
der staatlichen Daseinsvorsorge

Spätestens seit der politisch erfolgreichen Massenmotorisierung
können ein flächendeckendes öffentliches Verkehrsangebot und
die dafür nötigen Infrastrukturen wirtschaftlich nicht selbsttra-
gend betrieben werden (vgl. Lattmann 2009). Zu stark ist die erwünschte und erfolgreich etablierte Konkurrenz mit den privaten
Autos, insbesondere in den suburbanen und ländlichen Gebieten.
Trotzdem besteht in Deutschland ein starker politischer Konsens,
ein öffentliches Verkehrsangebot aufrecht zu erhalten und unter
dem Begriff der Daseinsvorsorge auch zu finanzieren (vgl. Karl
2008). Es ist politisch gewollt, dass es Alternativen zum privaten
Auto gibt, um die Belastungen durch den Autoverkehr zu verringern, die Klimaschutzziele zu erreichen und nicht zuletzt auch
um die Staugefahr zu verringern. Diese Alternative soll aber so
organisiert sein, dass sie keine ernsthafte Konkurrenz zum privaten Auto darstellt. Denn verkehrspolitisch steht – wie wir gesehen haben – seit Jahrzehnten die Förderung des privaten Kraftwagens im Fokus des Interesses. Der Staat finanziert den Betrieb
von Bussen und Bahnen in nicht unerheblichem Umfang und
bestimmt damit auch die Spielregeln: Nach Schätzungen von Experten werden pro Jahr insgesamt rund 19 Milliarden Euro staatliche Finanzmittel alleine für den Nahverkehr aufgewendet (vgl.
Ilgmann/Polatschek 2013). Die Basisfinanzierung umfasst etwa 9
Milliarden Euro jährlich, die die Länder vom Bund als so genannte Regionalisierungsmittel erhalten. Mit diesem Geld soll dann
vor allen Dingen der schienenbetriebene Regionalverkehr *bestellt* und über Ausschreibewettbewerbe finanziert werden. Dazu
kommen noch Ausgleichszahlungen für die vergünstigte Beförderung von Schülern, Auszubildenden und Schwerbehinderten
sowie Mittel, die die Bundesländer und Kommunen selbst zur
Verfügung stellen. Damit soll eine Grundversorgung mit Bussen
und Bahnen in der Stadt und auf dem Land gesichert werden (vgl.
Karl 2014). Die umfangreichen Aufwendungen für den öffentlichen Verkehr werden in Deutschland damit gerechtfertigt, dass
der ÖV unverzichtbarer Bestandteil staatlicher Daseinsvorsorge

ist. Die historische Begründung lautet, dass es in der modernen arbeitsteiligen Gesellschaft Leistungen von allgemeinem Interesse gibt, die infrastrukturell und finanziell so voraussetzungsvoll sind, dass der Einzelne sie nicht mit eigenen Mitteln erstellen kann (vgl. Gegner, Schöller 2005). Die Definition des öffentlichen Verkehrs als Teil der staatlichen Daseinsvorsorge wurde in einer Zeit getroffen, als das Auto in Deutschland kaum verbreitet war, so dass die weit überwiegende Mehrheit der Bevölkerung für die Überwindung zumindest mittlerer und weiterer Entfernungen zwingend auf öffentliche Verkehrsmittel angewiesen war. Daraus wurde eine besondere Schutzbedürftigkeit des öffentlichen Verkehrs vor den freien Marktkräften abgeleitet (vgl. Linke 2010).

Wer so umfassend finanziert, der bestimmt auch darüber, wer Dienstleistungen im öffentlichen Verkehr anbieten darf. Die Definition des öffentlichen Verkehrs als staatliche Daseinsvorsorge hebelt jedenfalls grundsätzlich die Gewerbefreiheit beim Transport von Personen aus. Wer Menschen gegen Entgelt befördern will, der braucht dazu eine Genehmigung. Diese wird nur unter Auflagen erteilt und auch nur dann, wenn der Betreiber einen zuverlässigen und flächendeckenden Betrieb sicherstellen kann. Hinter der rigiden Regulierung steht die Absicht, die staatlich finanzierten Angebote vor Konkurrenz zu schützen. Wenn die organisierte Gemeinschaft in Vorleistung geht und ein flächenumspannendes Angebot finanziert, sollen private Konkurrenten nicht parallel dazu auf einträglichen Routen Fahrgäste befördern dürfen. Basierend auf diesem Grundansatz wird der Betrieb des öffentlich mitfinanzierten Verkehrsangebots als Gebietskonzession in der Regel für eine Laufzeit von zehn bis fünfzehn Jahren vergeben. Damit sind alternative Angebote praktisch ausgeschlossen.

Man mag es kaum glauben, aber auch hier stammt die rechtliche Grundlage aus den 1930er Jahren: Es handelt sich um das 1934 erstmals verabschiedete Personenbeförderungsgesetz (PBefG). Es ist sozusagen das Grundgesetz für den gewerblichen Transport von Personen. Dieser Rechtsrahmen ist im Kern in den vergangenen 50 Jahren unangetastet geblieben (vgl. ebd.). Während nahezu alle anderen ehemals stark regulierten Branchen

der Daseinsvorsorge wie die Energieversorgung, die Post oder
die Telekommunikation in den vergangenen Jahrzehnten liberalisiert und in eine Wettbewerbsumgebung überführt wurden,
ist das Transportieren von Menschen nach wie vor eine staatlich
streng regulierte Aufgabe (vgl. Leibfried, Zürn 2006). Zwar gibt
es im Kontext der EU-rechtlichen Marktliberalisierung seit gut 20
Jahren Bestrebungen, durch öffentliche Ausschreibungen eine
Entkopplung zwischen Leistungsinhalt und Leistungserbringer
zu erreichen. Doch steckt das Instrument der Ausschreibung im
Korsett des Personenbeförderungsrechts fest. Neue Dienstleistungen, insbesondere auf digitalen Plattformen wie die Sharing-
Angebote, sind im öffentlichen Verkehrsrecht nicht vorgesehen
(vgl. Richter 2007). Die Philosophie der staatlichen Daseinsvorsorge ist die Bereitstellung von Bus- und Zugkilometern, diese
wird auch weitgehend staatlich finanziert. Eine attraktive Dienstleistung ist dabei gar nicht vorgesehen, und dementsprechend
sind auch neue Angebote nicht zulässig.

Nutzerwünsche können noch so gut ermittelt werden, bedient
wird in aller Regel nur das, was durch die öffentlichen Aufgabenträger bestellt und in Nahverkehrsplänen festgelegt wird. Von der
öffentlichen Hand finanzierte ÖPNV-Angebote sind in Qualität
und Quantität festgelegt und werden über ein Vergabeverfahren
von öffentlichen Aufgabenträgern ausgeschrieben. Die Kunden
haben auf die Leistungserbringung keinen direkten Einfluss. Bedient wird nicht nach Kundenwünschen, sondern gemäß dem
übergeordneten Ziel, mit dem öffentlichen Geld eine flächende-
ckende Präsenz zu erhalten (vgl. Ambrosius 2016). Dies erklärt
auch die oft durch die Dörfer mäandernden Buslinien, deren Betrieb nicht der Logik eines attraktiven Angebotes, sondern einer
möglichst flächendeckenden Bedienung folgt.

Zwar war damit eine Grundbedienung von Bussen und Bahnen garantiert und für die Betreiber auch auskömmlich gesichert,
aber es war keine unternehmerische Dynamik vorgesehen. Denn
parallel hatte sich der Staat ja längst auf die Förderung des privaten Automobils als Hauptverkehrsmittel der Massenmotorisierung festgelegt. Nur wer kein eigenes Fahrzeug hatte, der sollte

vom ÖPNV transportiert werden. Die Grundlogik dieser Arbeits-
teilung gilt bis heute.

Diese Konkurrenz des privaten Pkw und die strengen gesetzlichen Vorgaben ließen den ÖPNV über die Jahrzehnte immer
mehr zu einem *Resteverwerter* werden. Im Unterschied zu der
Zeit vor dem Durchbruch des Automobils schrumpfte die Nach-
fragebasis auf eine Minderheit der Bevölkerung zusammen (vgl.
Canzler 2005). Besonders in ländlichen Räumen füllt der ÖPNV
diese, ihm zugewiesene Rolle nach wie vor aus: Schüler, Auszubildende, Ältere bilden die Mehrheit der Fahrgäste. Hinzu kommen Gruppen mit geringem Einkommen, häufig auch Menschen
mit Migrationshintergrund, die sich entweder kein eigenes Auto
leisten können oder keine gültige Fahrerlaubnis besitzen.

Erst seit rund 20 Jahren ändert sich die Situation. Seit die permanent wachsende Zahl von Fahrzeugen die Freude am Fahren
deutlich schwächt, entwickeln sich Busse und Bahnen zu Alternativen. Interessant dabei und bezeichnend zugleich: Sie müssen
dafür gar nicht mehr tun, als nur die bestellte und finanzierte Be-
dienqualität zu realisieren und im Rahmen der Möglichkeiten das
Netz sowie den Fuhrpark zu modernisieren. Schon allein durch
die anwachsende Bevölkerung sowie eine Zunahme an Touristen
stiegen die Fahrgastzahlen in Berlin, Hamburg, München oder
Köln in den letzten zehn Jahren.

Goldene Handschellen

Stattdessen sollte der ÖPNV die Chance bekommen, zum zentralen Akteur in einem sich herausbildenden multioptionalen
Verkehrssystem zu werden. Doch die bestehenden Finanzie-
rungsstrukturen erlauben das nicht oder bieten keinerlei Anreize, etwas Neues zu wagen. Nun ist es keineswegs so, dass es im
ÖPNV keine Versuche zur Verbesserung des Angebotes gegeben
hätte. Verkehrsminister Alexander Dobrindt stellte beispielsweise im Frühjahr 2017 die Idee eines bundesweiten elektroni-
schen Tickets vor. Kunden sollten bei ihrem ÖV-Unternehmen
ein Produkt erwerben und damit durch ganz Deutschland reisen
können. Bislang ist dies nicht möglich, jeder Verbund hat seine

eigenen Tarifsysteme und Ticketstrukturen (vgl. Dümmler 2015). Einschränkungen zeigen sich bei Fahrten über die Verbundgrenzen hinaus. Ein Ticket für einen Verbund ist oft gar nicht oder nur auf einzelne Teillinien anderer Verbünde übertragbar. Man stelle sich vor, die Fahrer von Privatfahrzeugen müssten für jedes Bundesland ein gesondertes Nummernschild beantragen und dieses vor der Einfahrt in das jeweilige Bundesland auswechseln. Die Kosten für die Nummernschilder wären in einem Bundesland nach Hubraumgröße des Motors, in anderen nach voraussichtlich zu fahrenden Kilometern und in nochmals anderen nach geplanter Aufenthaltsdauer berechnet. Eine solche Gesetzgebung und Verwaltungsstruktur wäre im motorisierten Individualverkehr undenkbar. Im öffentlichen Nahverkehr ist das tägliche Praxis. Um diese Situation zu verändern, müssten die Verbünde vergrößert oder übergeordnete Standards geschaffen werden. Innerhalb des herkömmlichen ÖPNV gibt es in Form der Verkehrsverbünde schon seit langem eine Koordinierung zur Übertragbarkeit von Tickets und zur Verrechnung der Fahrgeldeinnahmen unter den ÖPNV-Anbietern. Diese Koordination ist jedoch regional begrenzt und erstreckt sich nur auf Angebote, die Kraft des Personenbeförderungsrechtes als ÖPNV definiert sind. Hinsichtlich neuer Mobilitätsangebote und einer flächendeckenden Koordination öffentlicher Mobilitätsdienste ist daher letztendlich nur der Gesetzgeber in der Lage, den Status quo zu verändern. Aus eigener Kraft können die Verkehrsverbünde und -betriebe meist nur *alten Wein in neuen Schläuchen* anbieten, sie bleiben in den Pfadabhängigkeiten der ÖPNV-Struktur stecken. Da diese Struktur mit auskömmlichen Finanzmitteln annehmlich ausgestaltet wurde, könnte man zugespitzt auch von einem *goldenen Käfig* oder von *goldenen Handschellen* sprechen. Der Nahverkehr darf im Grunde nichts anderes als klassischen Linienverkehr anbieten, und gleichzeitig wird dafür gesorgt, dass der ÖPNV auch gar nichts anderes anbieten muss.

Dass es dennoch immer wieder Initiativen gibt, ist zumeist auf das besondere Engagement einzelner Verbund- und Unternehmenschefs zurückzuführen. Sie wollen sich über multi- und intermodale Angebote ein Alleinstellungsmerkmal in der öffentlichen Wahrnehmung verschaffen. Doch dazu ist es gar nicht zwingend erforderlich, dass die Angebote auch tatsächlich genutzt werden und wirklich Menschen vom Privatauto auf öffentliche Dienstleistungen umsteigen. Oft genügt schon die Verkündung einer angestrebten übergreifenden Karte oder App, um Aufmerksamkeit zu erhalten. Ein messbarer Erfolg im Sinne veränderter Nachfrage wird von den Aufgabenträgern des ÖPNV in der Regel auch nicht eingefordert, wie überhaupt die in den letzten Jahrzehnten eingeführten Kombinationsprodukte nur die Komplexität des ÖPNV mit den komplizierten Zugangsbedingungen beispielsweise des Carsharings kombinieren und im Ergebnis kaum Wirkung gezeigt haben (vgl. Scherf 2018).

Zumeist blieb es bei lokalen Vorstößen, die in ihrer Wirksamkeit zeitlich begrenzt waren und bisher nur wenige Nachahmer finden. Es waren kleine Experimente, die zugleich die *Verriegelung* der bestehenden Nahverkehrsstrukturen verdeutlichten. Ein Beispiel für Versuche, den Nahverkehr für neue Angebote zu öffnen, sind Mobilitätskarten. Damit sind Tickets im Scheckkartenformat gemeint, die über einen Chip nicht nur als Nahverkehrsausweise gelten, sondern zugleich als elektronische Schlüssel zur Öffnung von Carsharing- und zur Entriegelung von Bikesharing-Fahrzeugen dienen. In Einzelfällen dienen die Karten darüber hinaus zum bargeldlosen Bezahlen in Taxis sowie als Zugangskarte zu Parkhäusern. Solche Karten wurden seit den späten 1990er Jahren in rund einem Dutzend deutscher Großstädte und Oberzentren eingeführt. Damit wurde der Zweck verfolgt, unterschiedliche öffentliche Angebote zu vereinheitlichen und zu vereinfachen. Öffentlich zugängliche Mobilitätsangebote sollten damit auch für Autofahrerinnen und -fahrer leicht verständlich und vernetzbar werden, so dass im Ergebnis ein Komfort ähnlich dem Privat-Pkw erzielt und das eigene Auto damit verzichtbar wird. Die Komplexität sollte gleichsam hinter den Rücken der Kundinnen und Kunden verlagert werden, indem die Anbieter untereinander jene Vernetzungsleistung vollbringen, die der Endnachfrager heute selbst erledigen muss, wenn er unterschiedliche Mobilitätsdienste zugleich in Anspruch nimmt. Mobilitätskarten konnten jedoch zumeist keine geschäftsrelevanten beziehungsweise nach-

weisbaren Kundenzuwächse für öffentliche Angebote generieren
(vgl. ebd.). Dieser Befund steht in einem auffallenden Kontrast
zum internationalen Erfolg von Mobilitätskarten – etwa der Octo-
puscard in Hongkong oder der Oystercard in London – die binnen
weniger Jahre enorme Verbreitung mit Kundenzahlen in Millio-
nenhöhe fanden. Eine wesentliche Ursache für das Scheitern der
meisten Mobilitätskarten in Deutschland liegt in dem Umstand,
dass die Rahmenbedingungen des öffentlichen Nahverkehrs unangetastet bleiben. Die Ticketfunktion wird in der Regel eins zu
eins – meist im Abonnement – in die Karte implementiert. Die
Karten sind damit ein Zusatzangebot für Personen, die ohnehin
schon den ÖPNV nutzen.

Autofahrer waren mit erklärungsintensiven Tarifen, Tickets
und Zonen des ÖPNV konfrontiert. Oft wurden die Benutzungs-
bedingungen des Nahverkehrs mit Mobilitätskarten sogar noch
komplizierter, da sie als Zusatzangebot zu den ohnehin schon
komplexen Angebotsbestimmungen hinzukamen und so die An-
gebotspalette weiter verkomplizieren. Es gibt zwar in Einzelfällen
auch Mobilitätskarten, die neue Nutzungsweisen des Nahverkehrs
– etwa die elektronische Ein- und Ausstiegserfassung (Check-In/
Check-Out) – erlauben, doch auch diese Modalitäten dienten vorwiegend zur erleichterten Nutzung bisheriger ÖPNV-Angebote.
Wirklich neue, symbiotische Angebote des öffentlichen Personenverkehrs wie gemeinsam genutzte Fahrzeuge oder Mitnah-
medienste konnten mit den Karten in Deutschland bisher kaum
geschaffen werden. In vielen Fällen entstand keine Vertriebsko-
operation, bei der die Devise, »eine Anmeldung, ein Medium,
eine Abrechnung« verwirklicht worden wäre. Bei einem Großteil
der Karten mussten sich die Kundinnen und Kunden die Leis-
tungsbausteine selbst zusammenstellen und sich zu verschiedenen Verkaufsstellen begeben. Anstatt die Komplexität vernetzter
Mobilitätsangebote für die Nutzenden abzubauen und alle Dienstleistungen aus einer Hand anzubieten, hatten sie im Extrem-
fall sogar mehr Informationsbedarf, Laufwege und Abrechnun-
gen als zuvor. Dies lag unter anderem daran, dass viele Anbieter
versuchten, sich einen Vorteil gegenüber Wettbewerbern zu verschaffen, indem sie die Kundschaft direkt ansprachen und nicht

bereit oder befugt waren, die Stammdaten der Nutzenden über
eine zentrale Plattform verfügbar zu machen. Die Einigung auf
die Rolle eines gemeinsamen Datenhalters wurde dadurch erschwert, dass die Anbieter fürchteten, den direkten Kundenkon-
takt zu verlieren und sinngemäß vom *Koch* zum *Kellner* des Mobi-
litätsmenüs degradiert zu werden.

In jedem Fall dominiert in der Diskussion über den öffentlichen Verkehr bisher eine Herangehensweise, die die Grund-
strukturen dessen, was scheinbar selbstverständlich unter ÖPNV
verstanden wird, politisch nicht hinterfragt: Es darf nur das angeboten werden, was genehmigungsfähig ist, und genehmigungsfähig ist nur das, was der Form nach ohnehin schon angeboten
wird. Kombinierte Angebote, Abwandlungen oder gar Neukrea-
tionen sind nur im Rahmen enger Ausnahmeregelungen zulässig. Der ÖPNV ist somit das Resultat einer eingefrorenen Politik
aus der frühen Nachkriegszeit und kann nur unter den Bedingungen einer re-politisierten Verkehrspolitik zu einem zentralen
Akteur des zukünftigen Verkehrs umgestaltet werden (vgl. Knie
et al. 2016).

4. Herrschendes Recht

Die Liebe der Deutschen zum Automobil gab es tatsächlich, aber dieser Liebe musste politisch kräftig nachgeholfen werden. Sie war eingebettet in ein vielschichtiges Programm mit dem Ziel, der Bevölkerung ein auf das private Glück orientiertes Lebensmodell in der eigenen Familie, mit eigenem Haus und eben auch mit dem dazu passenden eigenen Auto zu ermöglichen. Die Raum- und Siedlungsstrukturen sowie auch die Rechtsordnung sorgen dafür, dass dieses private Auto immer Vorfahrt hat und für alle bezahlbar ist. Ein sehr erfolgreiches Programm, das die Wünsche und Sehnsüchte der überwiegenden Mehrheit der Bevölkerung nahezu perfekt abdeckte. Und wer es dennoch anders wollte, der konnte sogar noch Busse und Bahnen fahren, für die der Staat viel Geld für eine flächige Präsenz bereitstellte. Was wollte man mehr?

Diese Liebe wurde, wie so oft, mehr und mehr vom grauen Alltag eingeholt. Erst verlor sie ihren Glanz, dann ging sie zu einer Art Zweckgemeinschaft über, die aber auch nur noch mangels Alternativen zusammengehalten wird. Es wurde bereits mehrfach erwähnt: Die Zahl der Fahrzeuge hat die Lust in eine Last verwandelt. Die Attraktivität des privaten Autos wurde durch politische Bedingungen erst geschaffen, aber was passiert, wenn der Plan erfüllt ist und knapp die Hälfte der Haushalte mehr als ein Auto hat, ein Drittel sogar mehr als zwei? Und wenn sich diese vielen Autos dann auch noch zu bestimmten Zeiten in einem gigantischen Stau vereinen? Wie sieht die Idee der Autogesellschaft aus, die an ihrem Fixpunkt zu leiden beginnt? Vor allen Dingen ging der Plan ja auch nur deshalb so lange so gut aus, weil die gesellschaftlichen Bedürfnisse nach Privatheit mit einem eigenen

Automobil befriedigt wurden. Was passiert aber, wenn diese Bedürfnisse sich wandeln und die soziale und räumliche Mobilität auch andere Bewegungsformen verlangen? Es war ein politisches Programm, das so erfolgreich war, dass es sich in eine Vielzahl von Strukturen, Rechtsformen, Verhaltensweisen und Selbstverständnissen eingegraben hat und heute als solches gar nicht mehr erkennbar ist. Kann man bei so viel Stabilität und sich immer wieder gegenseitig stärkenden Entwicklungen überhaupt etwas verändern? Bisher sind die Grundfeste der Verkehrspolitik in Form von Straßenverkehrsordnung, Straßengesetzen oder gar dem Personenbeförderungsgesetz kein prominentes Thema in der öffentlichen Diskussion gewesen. Dies lässt sich damit erklären, dass lange Zeit die starke Ausrichtung beispielsweise des Straßenverkehrsrechts auf einen ungehinderten Verkehrsfluss – und damit indirekt auf die Bedürfnisse des schnellen Autoverkehrs – mit einem breiten gesellschaftlichen Konsens in Einklang stand: nämlich der Vorstellung, dass das private Automobil im Zentrum des Verkehrs und damit auch jeder Verkehrspolitik zu stehen habe. Selbst wenn sich nicht alle in jeder Lebensphase und in allen Siedlungsräumen ein Auto leisten konnten oder auch wollten, schien es kaum diskussionsbedürftig, dass das Autofahren möglichst allen Gesellschaftsmitgliedern auf allen zurückzulegenden Wegen ermöglicht werden sollte. Wie immer in Prozessen sozialen Wandels wird auch hier das kollektive Einverständnis erst dann als solches erkennbar, wenn es *Risse* bekommt. Diese Risse sind bereits problematisiert. Vor allem in den wachsenden Städten ist der öffentliche Raum ein kostbares Gut geworden – sowohl für die Bewohnerinnen und Bewohner als auch für Investoren und die Stadtpolitik. Daher erhalten erstmals seit langem wieder Stimmen Gehör, die den bisherigen Konsens in Frage stellen.

Schon eingangs wurde beschrieben: Wir sind uns oftmals gar nicht bewusst, wie stark unsere eigenen Mobilitätsentscheidungen von den historisch gewachsenen Rahmenbedingungen mitbestimmt werden. Das wohl spektakulärste, bezeichnende Beispiel soll am Schluss nochmal die Tragik der Alternativen und die Notwendigkeit der Re-Politisierung der Verkehrspolitik verdeutlichen. Wie viele Jahre bei dem Kampf um eine veränderte Rechtspraxis ins Land gehen können, das zeigt das Beispiel des Carsharings. Diese organisierte Form des Autoteilens ist Anfang der 1990er Jahre eingeführt worden und mittlerweile in nahezu allen großen Städten verfügbar. Kunden müssen sich registrieren und können dann an definierten Plätzen Fahrzeuge anmieten und müssen diese dann auch dort wieder abstellen. Carsharing ist seit Jahren bei Verkehrspolitikern sehr beliebt. Neben den Appellen, das Auto doch mal stehen zu lassen, gehört zum Kanon symbolischer Verkehrspolitik viel Lob für das Carsharing. Anfang des Jahres 2018 gab es etwas mehr als 500.000 Kunden für rund 10.000 Fahrzeuge, die an mehr als 7.000 Stationen angeboten werden. Gemessen an den mehr als 47 Millionen Pkw insgesamt ist das klassische Carsharing damit immer noch unter der Grenze der statistischen Nachweisbarkeit. Es wird auch nicht viel besser, wenn man die moderne Variante hinzunimmt, das so genannten Free-Floating-Carsharing. In wenigen Großstädten können im Stadtgebiet Fahrzeuge genutzt und an einer beliebigen Stelle wieder abgegeben werden. Bei diesen Firmen sind rund 2 Millionen Menschen registriert, rund 8.000 Fahrzeuge in Betrieb. Immerhin haben gut 10 Prozent dieser Fahrzeuge einen elektrischen Antrieb (BCS 2018). Obwohl das Teilen von Autos als verkehrs- und umweltpolitisch besonders sinnvoll erachtet wird, blieb die Rechtslage über viele Jahrzehnte für die Unternehmen unverändert: Wer Carsharing betreiben wollte, der musste sich private Stellflächen verschaffen, denn das Abstellen der Fahrzeuge auf öffentlichem Grund war nicht erlaubt. Die kommerzielle Vermietung wäre ein Verstoß gegen das Gebot der Privilegienfeindlichkeit gewesen – da hätte ja jeder kommen können. Bis auf wenige Kommunalpolitiker, die den Mut hatten, dennoch einzelne Stellflächen im öffentlichen Straßenraum auszuweisen – dies musste sehr kompliziert über eine Ent-Widmung eingeleitet werden – wurde diese sinnvolle Möglichkeit der Autonutzung in die Hinterhöfe verdrängt und blieb damit praktisch unsichtbar. Seit September 2017 existiert nun nach langem Bitten und Betteln der Carsharing-Unternehmen ein Carsharing-Gesetz, nach dem der Bund den Ländern erlaubt, den Kommunen die Einrichtung von

Stellplätzen auf öffentlichem Raum zu ermöglichen. Auch ein Jahr nach seiner Verabschiedung hat noch keines der sechzehn Bundesländer dieses Gesetz in Landesrecht übernommen. Diese Rahmenbedingungen sind das Produkt von politischen Entscheidungen, die vor Jahrzehnten getroffen wurden. Das betrifft nicht nur die materiellen Strukturen der gebauten Umwelt, sondern auch die rechtlichen Rahmenbedingungen im Verkehr. Mit den rechtlichen Rahmensetzungen schafft sich die Gesellschaft verbindlich geltende Regeln, deren Nicht-Beachtung im Bedarfsfall sanktioniert wird. Insofern gehören Gesetze zu den bedeutendsten Stellschrauben, die unser kollektives Handeln als Gesellschaft bestimmen – und das in der Regel für Jahrzehnte. Aktuell gibt es erste Anzeichen, dass der gesellschaftliche Diskurs auf die bisher selbstverständlichen Privilegien des privaten Pkw in den rechtlichen Rahmenbedingungen aufmerksam wird. Der Spielraum für politische Auseinandersetzungen über diese Privilegien scheint sich langsam zu vergrößern. Die Straßenverkehrsordnung, die Straßengesetze der Bundesländer, das Personenbeförderungsgesetz: All diese Gesetzeswerke könnten schon bald ins Zentrum der verkehrspolitischen Diskussion rücken.

Veränderte Einstellungen

Lange Zeit galten verkehrspolitische Maßnahmen, die sich gegen die Freiheiten des privaten Autoverkehrs zu richten schienen, als politisch hochriskant – und zwar sowohl auf Bundesebene als auch in den Kommunen. Im Gedächtnis ist vielen noch die spektakuläre Forderung der Grünen von 1998, den Benzinpreis durch eine Erhöhung der Mineralölsteuer im Laufe von zehn Jahren auf fünf Mark anzuheben (vgl. Arzheimer, Klein 1999). Der darauffolgende Aufschrei in den Medien wirkte sich deutlich negativ auf das Wahlergebnis der Grünen aus und wird parteiintern immer noch als Trauma gesehen. Auf kommunaler Ebene wurden und werden zum Beispiel die Einführung von Parkraumbewirtschaftung oder der Abbau einzelner Parkplätze zugunsten von Fahrradwegen, Fahrradabstellanlagen oder (seit neuestem) Parkplätzen für Elektrofahrzeuge regelmäßig von heftigen Diskussionen

in den Medien und den Kommentarspalten begleitet und solche
unpopulären Entscheidungen gelten nicht gerade als politische
Karrierebausteine.

Der Ablauf dieser Diskussionen ähnelt dem eines Gemein-
schaftsrituals: Beschworen wird die individuelle Mobilität, die in
Gefahr sei, sobald Einschränkungen für den Autoverkehr entstehen. Die verkehrspolitischen Maßnahmen werden als Zumutung
und Schikane gegenüber Autofahrern eingestuft. Die Verkehrspolitik würde alles nur noch schlimmer machen, wenn dem Autoverkehr Platz weggenommen würde. Diese angeblich mangelnde
Akzeptanz beim Wahlvolk musste auch schon bei vielen anderen
gewünschten Veränderungen als Todschlagargument herhal-
ten. Doch die Frage ist, ob nicht doch schon Bewegung in den
festen Ablauf solcher Rituale gekommen ist. Wenn man sich an-
schaut, wie sich die sozialen Strukturen und die dazu passenden
Verkehrsformen bereits verändert haben und wie die digitalen
Medien den Prozess der Individualisierung und Pluralisierung
weiter vorantreiben, erscheint es lohnend, die Stabilität der alten
Übereinkünfte kritisch zu prüfen.

Mangels Alternativen ist eine andere Verkehrswelt als die der
massenhaften Automobile zwar nur schwer vorstellbar und daher
auch nicht unmittelbar abfragbar. Überhaupt sind Befragungen
über das Verkehrsverhalten deswegen so schwierig, weil die allermeisten alltäglichen Entscheidungen im Verkehr als Routinen
abgespeichert und gar nicht mehr bewusst sind. Bürger zu möglichen Veränderungen von etwas zu befragen, was nicht präsent
ist, ist ein mühevolles Unterfangen für die empirische Sozialforschung.

Die Datenbasis ist bisher nicht sehr breit und auch noch nicht
sehr valide. Es gibt aktuell keine systematische regelmäßige Erhebung zu verkehrspolitischen Einstellungen. Daher muss man
sich in diesem Bereich auf Indizien stützen. Als wichtigste Quelle lassen sich die seit mehr als 20 Jahren vorgenommenen Befragungen im Auftrag des Umweltbundesamtes (UBA) über den
Stand des Umweltbewusstseins der Bevölkerung heranziehen.
Die so genannte Umweltbewusstseinsstudie ist zwar nicht als
Panel angelegt, aber doch in einer langen Erhebungsreihe inte-

griert, so dass sich Tendenzen klar benennen lassen. Seit zehn Jahren gilt der Automobilverkehr in den Städten als die größte Belastung. Mehr als 75 Prozent der Befragten geben an, dass sie sich dadurch beeinträchtigt fühlen.

Und mehr als 90 Prozent der Befragten geben an, dass eine wie folgt charakterisierte Stadtentwicklung »etwas« oder »sehr« zu einem guten Leben beitragen könne: »Unsere Städte und Gemeinden werden gezielt so entwickelt, dass die/der Einzelne kaum noch auf ein Auto angewiesen ist, sondern ihre/seine Wege zu Fuß, mit dem Fahrrad oder mit öffentlichen Verkehrsmitteln erledigen kann.« Das zeigt deutlich: Fast niemand will mehr eine *autoabhängige Stadt* nach amerikanischem Vorbild. Fast alle finden, dass eine Vielfalt von Mobilitätsoptionen gezielt gefördert werden soll. Wenn es allerdings darum geht, dies auch im eigenen Lebensumfeld umzusetzen, liegt die Zustimmung erwartungsgemäß niedriger. Doch immerhin noch 79 Prozent der Befragten befürworten die Entwicklung hin zu einer *multioptionalen Stadt* auch für ihre eigene Gemeinde (UBA 2016).

Immer wieder werden von verschiedenen Einrichtungen Befragungen zum Thema Verkehrspolitik in Auftrag gegeben, wenn öffentlichkeitswirksame Maßnahmen diskutiert werden oder Gerichtsentscheidungen bevorstehen. Daraus ergibt sich ein erstes Bild. Zum Beispiel in Baden-Württemberg, wo das Verkehrsministerium im Jahr 2017 Bürger zu ihren Einstellungen befragen ließ (vgl. forsa 2017). Darin spiegelt sich zwar die große Bedeutung des Autos wider: 77 Prozent der Befragten stimmen der Aussage zu, dass es ein wichtiges Ziel der Verkehrspolitik sei, dass man mit dem Auto schneller vorankommt. Zugleich zeigt sich aber auch ein überwältigender gesellschaftlicher Konsens darüber, dass eine Ausweitung des öffentlichen Verkehrs zu einer besseren Gesamtverkehrsentwicklung beiträgt: Über 90 Prozent der Befragten halten den weiteren Ausbau des Bus- und Bahnangebots für ein wichtiges Ziel der Verkehrspolitik. Und 74 Prozent der Befragten in Baden-Württemberg sind der Meinung, dass die Reduktion des Autoverkehrs ein wichtiges verkehrspolitisches Ziel ist. Interessant ist auch die Bereitschaft, den ÖPNV bei den Ausgaben zu priorisieren: »Wenn Sie 10 Millionen Euro

zur Verfügung hätten«, würden immerhin 28 Prozent der Befragten diese in eine bessere Vernetzung der umweltfreundlichen
Verkehrsträger investieren, 25 Prozent für ein besseres Bus- und
Bahnangebot sorgen. Und nur 24 Prozent würden das Geld am
ehesten für den Aus- und Neubau von Straßen oder für den Erhalt
der bestehenden Straßen einsetzen.

Selbst vergleichsweise radikale Maßnahmen wie eine Erhöhung der Parkgebühren in den Städten werden von 39 Prozent
befürwortet, vorausgesetzt die Einnahmen werden in ein besseres
Bus- und Bahnangebot investiert. Diese Position erreichte damit
zwar keine Mehrheit bei den Befragten, wird aber doch von einem
beachtlichen Teil vertreten. In dieser Studie befürwortet zudem
eine knappe Mehrheit von 55 Prozent sogar Fahrverbote für Die-
selfahrzeuge in Stuttgart an Tagen mit besonders hoher Luft-
schadstoffbelastung und 52 Prozent halten Tempo 30 in der Stadt
grundsätzlich für ausreichend. Fast die Hälfte der Befragten gibt
an, mindestens einmal im Monat den ÖPNV zu nutzen (ebd.).

Natürlich ist bei der Interpretation solcher Daten – wie oben
angedeutet – immer Vorsicht geboten. Es handelt sich um Selbst-
auskünfte, ihre Aussagekraft sollte nicht überschätzt werden,
zumal bei vielen thematischen Aspekten das Problem der *sozial
erwünschten Antworten* miteinzurechnen ist: Man hält es möglicherweise für sozial akzeptabler, wenn man den Ausbau des
ÖPNV und andere Maßnahmen zur Einschränkung der negativen
Folgen des Autoverkehrs befürwortet, auch wenn man insgeheim
vielleicht anderer Meinung ist. Trotzdem zeigen die Ergebnisse,
dass eine Autobegeisterung – eine Liebe zum Auto – schon lange
nicht mehr existiert, sondern der Wert der Alternativen deutlicher
gesehen und mehr und mehr unterstützt wird. Dass dies keine
Selbstverständlichkeit ist, zeigt sich zum Beispiel in der US-amerikanischen Diskussion, wo der Wert des öffentlichen Verkehrs
immer wieder auch grundsätzlich in Frage gestellt wird. Aktuell beispielsweise in der Debatte darüber, ob Investitionen zum
Erhalt öffentlicher Verkehrssysteme nicht überflüssig seien, weil
Autonome Fahrzeuge die traditionellen öffentlichen Verkehrsmittel sowieso ersetzen würden (vgl. https://www.citylab.com/

transportation/2018/06/you-cant-fix-mass-transit-by-destroying-it/562574/).
Die Hinweise mehren sich, dass auch eine Re-Politisierung der Verkehrspolitik für zunehmend wünschenswert gehalten wird. So zeigt zum Beispiel eine Befragung im Auftrag des ADAC im Vorfeld der Bundestagswahl 2017, dass das Auto nicht mehr allein die Verkehrspolitik dominieren sollte (vgl. https://presse.adac.de/meldungen/adac-ev/verkehr/strassen-erhalten-und-oef fentlichen-verkehr-staerken.html). Auf die Frage »Wie wichtig sind Ihnen folgende Themen aus dem Bereich Verkehr und Mobilität für die Arbeit der nächsten Bundesregierung?« erhält zwar das Thema »Erhalt und Ausbau des Straßennetzes« mit 65 Prozent die höchste Zustimmung. Aber 59 Prozent halten auch die stärkere Förderung des öffentlichen Verkehrs für ein wichtiges Thema, ebenso wie das Thema Klima- und Umweltschutz im Bereich Verkehr. Immer noch 55 Prozent finden auch den Erhalt und Ausbau des Schienennetzes wichtig.

Je konkreter der Anlass der Befragungen, um so valider sind die Aussagen einzuschätzen. Denn in der Regel kann man dann davon ausgehen, dass die Probanden sich bereits mit dem Thema beschäftigt haben oder sogar selbst betroffen sind oder es sein werden. Ein weiteres Beispiel dafür ist eine repräsentative Befragung in Berlin im Hinblick auf das bereits erwähnte *Mobilitätsgesetz*, das im Sommer 2018 vom Abgeordnetenhaus verabschiedet wurde (vgl. https://www.morgenpost.de/berlin/article/201697943/Taeg lich-steigen-bis-zu-500.000-berliner-auf-das-farrad.html). Demnach finden 62 Prozent der Befragten, dass die Forderungen der Initiative Volksentscheid Fahrrad, dem Fahrrad mehr Raum auf öffentlichen Straßen zu verschaffen, in die »richtige Richtung gehen«. Etwa 61 Prozent der Zustimmenden benutzen hauptsächlich den ÖPNV, 90 Prozent das Fahrrad und immerhin noch genau 50 Prozent stimmten zu, obwohl sie das Auto als Hauptverkehrsmittel angegeben haben. Mit anderen Worten: Die Hälfte der befragten Autofahrer findet, dass die Forderung nach einem Ausbau der Fahrradinfrastruktur berechtigt ist. Und 50 Prozent der Autofahrer meinen laut dieser Studie sogar, die Berliner Politik tue noch zu wenig für den Ausbau der Fahrradinfrastruktur.

Immerhin noch 20 Prozent der Autofahrenden würden, wenn sie persönlich über die Verteilung der Haushaltsmittel entscheiden dürften, diese am ehesten für die Verbesserung des Fahrradverkehrs einsetzen. Sogar 44 Prozent von ihnen würde die Mittel am ehesten für die Verbesserung des ÖPNV einsetzen. Auch hier deutet sich an, dass es wider Erwarten nicht immer klare Lager in der Verkehrspolitik gibt: Viele Autonutzerinnen und Autonutzer beweisen Weitblick und sehen die Welt offenbar nicht nur durch ihre eigene Windschutzscheibe. Das dürfte auch damit zusammenhängen, dass vor allem in den Städten viele Autofahrer regelmäßig auch andere Verkehrsmittel nutzen. Sie sind selbst *Multimodale* und kennen daher den Verkehr aus mehr als nur einer Perspektive.

Auch wenn solche Befragungsergebnisse nicht überschätzt werden sollten, sie zeugen zumindest davon, dass der verkehrspolitische Diskurs und die dahinterliegenden gesellschaftlichen Leitbilder einer künftigen Stadt- und Verkehrsentwicklung keineswegs mehr so autozentriert sind, wie man auf den ersten Blick meinen könnte. Die Ergebnisse zeigen auch, dass es sich lohnt, diese Debatte um die Zukunft des öffentlichen Raumes zu führen. Schneller als gedacht könnten in den großen Städten politische Mehrheiten für durchaus radikale Maßnahmen entstehen – vor allem dann, wenn man davon ausgeht, dass es eine sich selbst verstärkende Wechselwirkung zwischen eigenem Verkehrsverhalten und verkehrspolitischen Einstellungen gibt. Weiter oben wurde schon die jüngere Generation der unter Dreißigjährigen angesprochen, die heute oftmals längere Zeit ohne eigenes Auto auskommt und ihre Mobilität vielfältiger gestaltet. Generell kann vermutet werden, dass das eigene Verhalten auch die politischen Einstellungen beeinflusst. So erscheint es durchaus möglich, ja sogar wahrscheinlich, dass eine zunehmende Multimodalität auch zu verstärkten Forderungen nach einer *multioptionaleren Verkehrspolitik* führt. Gemeint ist damit eine Politik, die nicht das Auto in den Vordergrund stellt, sondern die Belange der anderen Verkehrsmittel mindestens gleichwertig behandelt, wenn nicht höher bewertet. Sollte sich diese Wechselwirkung – auch jenseits der jungen Zielgruppen – tatsächlich in der Realität zeigen, könnte dies ein wichtiger Treiber für eine Verkehrswende sein. Wenn die Multimodalen in den Städten beginnen, verkehrspolitische Weichenstellungen zugunsten des ÖPNV, des Fahrrads und/oder der neuen Sharing-Angebote einzufordern, dann könnte ein sich selbst verstärkender Zirkel in Gang kommen: politische Weichenstellungen verbessern die Rahmenbedingungen für alternative Mobilitätsformen. Dadurch werden diese noch attraktiver und konkurrenzfähiger gegenüber dem privaten Pkw. Wenn die Nutzung der Alternativen weiter zunimmt, wird auch der politische Druck, diese Angebote zu bevorzugen, weiter ansteigen – und so weiter (vgl. Ruhrort 2018).

Der Kern einer solchen *Theorie des Wandels* liegt in den Wechselwirkungen zwischen der Ebene des individuellen und kollektiven Verkehrshandelns einerseits und der politischen Ebene andererseits (vgl. Abb. 10). Grundlegend für diese Sichtweise ist die Feststellung, dass unser individuelles Verkehrshandeln nur scheinbar Ausdruck rein individueller Präferenzen ist. Unser Verkehrshandeln ist immer (auch) Produkt der gesellschaftlich geschaffenen und politisch veränderbaren Rahmenbedingungen – seien dies nun materielle Rahmenbedingungen wie Fahrradwege, Autobahnen oder Schienenstränge oder immaterielle Strukturen wie soziale Normen und Normalitätsvorstellungen sowie erlernte und tradierte Bewertungsmuster. Die Erfolgsgeschichte des Automobils hat ja genau das demonstriert: Die starke Übereinkunft von individuellen Bedürfnissen und verkehrspolitischer Ausrichtung.

Daraus folgt im Umkehrschluss, dass eine tatsächliche Wende im Verkehr nur dann kommt, wenn die Rahmenbedingungen geändert werden. Dabei reicht eine Förderung von Alternativen zum privaten Pkw allein nicht aus. Diese können immer nur begrenzte Attraktivität entfalten, solange das Autofahren weiterhin gefördert wird und damit attraktiv bleibt.

Abbildung 10: Wechselwirkungen zwischen Verkehrshandeln,
Verkehrspolitik und Verkehrsangeboten

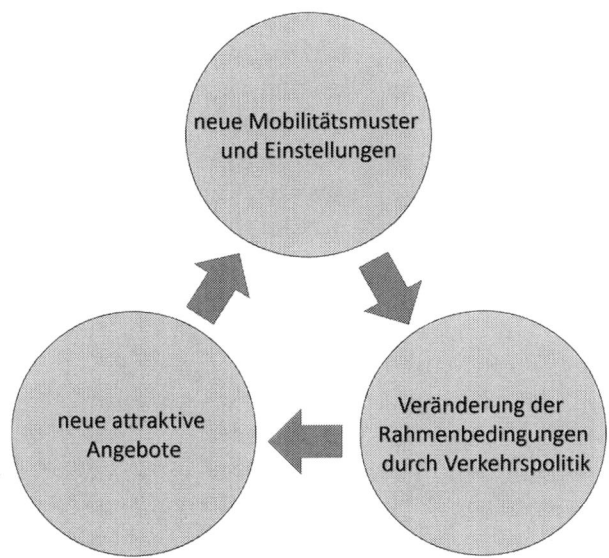

Quelle: Eigene Darstellung

Die Technik der Gesellschaft ist ein Produkt von sozialen Aushandlungsprozessen

Das vorangegangene Kapitel hat gezeigt, dass sich in der Verkehrsnachfrage bereits einiges verschoben hat. Die Menschen, die tagtäglich in Deutschland unterwegs sind, beginnen sich in ihrem Verkehrsverhalten umzuorientieren. In der Vergangenheit konnte man von mehr oder weniger homogenen Einstellungen und mehr oder weniger einheitlichen Verhaltensdispositionen sprechen. Die monomodale Orientierung und eindeutige Ausrichtung auf das private Automobil existiert so nicht mehr. Die Verkehrspraxis ist in Ballungsräumen vielfältiger und multioptionaler geworden. Dies wiederum rückt ganz langsam die bisher als selbstverständlich hingenommenen Privilegien des privaten Pkw bei der Nutzung öffentlicher Räume ins Zentrum der gesellschaftlichen Aufmerksamkeit. Die Nutzungsrechte am *knappen Gut öffentlicher Raum* könnten schon bald zu einem Dreh- und Angelpunkt der Diskussion um veränderte Rahmenbedingungen im Verkehr werden. Dass diese Diskussion wiederum einer auch ökologisch nachhaltigen Mobilität jenseits des privaten Pkw den Weg bereiten könnte, steht aus Sicht der städtischen Akteure dabei nicht unbedingt im Fokus. Wenn die Privilegien des privaten Pkw vor allem in Form des kostenlosen Parkens neu bewertet und geregelt werden, könnte dies ganz von selbst die Chancen für eine multioptionale Mobilitätskultur deutlich verbessern.

Neue Akteure und das Personenbeförderungsgesetz

Dieser Trend zu unterschiedlichen Nutzungen von Verkehrsmitteln ist für sich genommen noch nicht stark genug, um einen generellen und flächendeckenden Wandel im Verkehrsverhalten auszulösen. Wie eingangs gezeigt, sind so mächtige Systeme wie der individuelle Massenverkehr mit den gigantischen infrastrukturellen Voraussetzungen nicht einfach abzuschaffen oder zu ersetzen. Grundlegende Veränderungen der großen technischen Systeme einer Gesellschaft sind extrem voraussetzungsvoll (vgl. Joerges 1992; Hughes 1993). Es braucht Veränderungen auf mehreren Ebenen gleichzeitig. Entsprechend dem eingangs vorgestellten Konzept von Geels wurden im herrschenden System des privaten Automobils bereits Nischen besetzt, die eine andere verkehrliche Praxis zeigen und die zum Ausgangspunkt einer größeren Dynamik werden könnten; beispielsweise dann, wenn große Unternehmen hier Aussichten auf neue Märkte und wirtschaftliche Verwertungsperspektiven erkennen.

Tatsächlich treten im Verkehrssektor aktuell neue und sehr mächtige Akteure auf den Plan, die gezielt Veränderungen herbeiführen wollen. Das über Jahrzehnte gewachsene Machtgefüge im privaten und öffentlichen Verkehrsmarkt und seiner gerade in Deutschland herrschenden Grundordnung aus bevorrechtigtem privaten Automobilverkehr und einer öffentlichen Verkehrslandschaft, die bewusst als Überlauf- oder Resteverwerter installiert ist, gerät also noch von ganz anderer Seite unter Druck. Digita-

le Plattformentwickler und Fahrtenvermittler wie Uber und Lyft
greifen in den bislang geordneten Markt der Personenbeförderung ein (vgl. Canzler, Knie 2016). Der Grundgedanke ist so einfach wie bestechend: Warum sollen Menschen, die über einen privaten Pkw verfügen, nicht andere Menschen mitnehmen können
und dafür mehr als nur die Betriebskosten erstattet bekommen?
Mit dem Smartphone lassen sich die dazu notwendigen Transak-
tionen in Sekundenschnelle organisieren. Die Vorteile liegen auf
der Hand. Der Besetzungsgrad von Fahrzeugen kann erhöht werden, die bestehenden Gerätschaften lassen sich viel besser nutzen und das zu einem günstigen Preis. Denn vom Grundsatz her
ist ja schon alles bezahlt. Fahrer und Auto existieren und werden
einfach nur zusätzlich in Dienst genommen. Es entstehen neue
Qualitäten bei abnehmenden Grenzkosten. Ökonomisch und ökologisch gesehen, ist das Sharingmodell zunächst eine gute Idee.
Was für den Gebrauchsgütermarkt (Amazon) oder für die Woh-
nungsvermietung (Airbnb etc.) bereits etabliert ist, könnte auch
im Personenverkehr funktionieren. Die 2009 in den USA ge-
gründete Firma Uber hat innerhalb von nur wenigen Jahren mit
dieser Idee weltweit beachtliche Erfolge erzielt. Alleine im New
Yorker Stadtteil Manhattan werden rund 2 Millionen Fahrten pro
Woche vermittelt (siehe Abb. 11).

Aus Nutzersicht ist das Angebot sehr attraktiv: eine Beförderung vergleichbar dem Taxi, nur viel billiger und zugleich trans-
parenter. In der App wird der Fahrtanbieter mit Namen und Be-
wertungen kenntlich gemacht, eine Echtzeitansicht zeigt laufend,
wo das bestellte Fahrzeug sich gerade befindet. Beflügelt werden
die neuen Firmen von großen Mengen an Kapital, mit dem Investoren auf wachsende Marktanteile am Verkehrsmarkt wetten.
Nicht nur Nutzer schätzen das Angebot, sondern Investoren glauben offensichtlich an die Zukunft solcher Dienstleistungen. Alleine Uber hatte im Mai 2018 einen Börsenwert von 72 Milliarden
US-Dollar (https://de.statista.com/statistik/daten/studie/217485/
umfrage/marktwert-der-groessten-internet-firmen-weltweit).

Abbildung 11: Uber dominiert den Fahrdienstmarkt in New York City

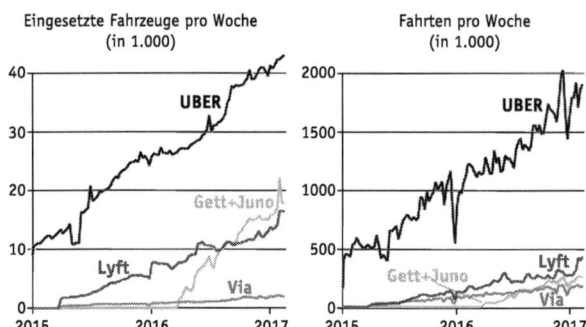

Quelle: Blog von Todd W. Schneider, http://toddwschneider.com/posts/
taxi-uber-lyft-usage-new-york-city/

Mit diesem Geschäftsmodell wurde Uber in wenigen Jahren zu
einem der größten Anbieter von Personenbeförderungsleistun-
gen in Metropolen wie New York oder San Francisco. In Deutschland ging Uber im Jahre 2013 zunächst in Berlin an den Start, um
wenige Monate später bereits verklagt und 2015 endgültig verboten zu werden. Der Europäische Gerichtshof bestätigte, dass Uber
kein reiner IT-Dienstleister, sondern ein Verkehrsanbieter und
daher an die gesetzlichen Vorgaben des Personenbeförderungsrechts gebunden sei (vgl. Karl et al. 2017). Wer also keine Genehmigung entsprechend den gesetzlichen Vorgaben hat, kann
in Deutschland keinen neuen Dienst anbieten und wenn er von
noch so starken Anbietern kommt. Dennoch: Der Geist war aus
der Flasche. Noch bevor das endgültige Urteil gesprochen war,
wurde in den Medien öffentlich und in aller Breite über die Vor-
und Nachteile eines neuartigen Fahrdienstes heftig diskutiert.
Das zuständige Bundesverkehrsministerium richtete immerhin
eine Arbeitsgruppe ein.

Während ein Markteintritt von plattformbasierten Mobili-
tätsangeboten in Europa weiterhin rechtlich stark behindert
wird, sind diese Dienste in den USA und Asien im großen Stil
und in rasantem Tempo gewachsen. Dabei experimentieren die
Anbieter mit immer neuen Angebotsformen, die sich in Teilen

zunehmend dem Modell des Linienverkehrs wieder annähern. Dies weist auf ein Problem hin, das viele kritische Stimmen an dem Modell Uber beklagen: Offen ist, ob ein solcher Dienst überhaupt profitabel sein kann. Die Kritiker werfen Uber vor, mit unrealistischen Kampfpreisen andere Wettbewerber, insbesondere die traditionellen Taxiunternehmen, aus dem Markt zu drängen, nur um danach auf Basis einer Monopolstellung die Preise für die Nutzerinnen und Nutzer zu erhöhen (vgl. Hill 2015). Andere vermuten, dass das gesamte Angebotsmodell nur eine Vorstufe zum Betrieb eines Fahrdienstes mit autonomen Fahrzeugen sei, die dann überhaupt erst Profitabilität bringen könnten. Eine weitere Vermutung lautet, Uber sei vor allem ein datenbasiertes Geschäftsmodell. Die massenhaft gesammelten Nutzerdaten seien dem Unternehmen wichtiger als das eigentliche Geschäft als Beförderungsdienstleister (vgl. Balzer 2014).

Unabhängig davon, wie man die Geschäftsstrategie und Praktiken des Unternehmens Uber bewertet: Entscheidend aus Sicht einer nachhaltigen Mobilität ist der Impuls, den Uber und andere Unternehmen in den Verkehrsmarkt gegeben haben. Die etablierten Akteure, sowohl in der Automobilindustrie als auch in den öffentlichen Verkehrsunternehmen und in der Verkehrspolitik, sind gründlich irritiert. Es gibt offenkundig jenseits der Dichotomie zwischen privatem Auto und ÖPNV viele Optionen, die auf einen großen Bedarf stoßen. Wieder ein Beispiel dafür, dass sich Individualisierung und Pluralisierung mit Hilfe digitaler Plattformen auch im Verkehr in ganz neue Dimensionen treiben lassen. Diese Dynamik nur mit Verweis auf das aus dem Jahr 1934 stammende Personenbeförderungsgesetz zu verbieten, wird dauerhaft nicht zu halten sein.

Es ist daher kein Zufall, dass eine Reihe von Start-ups sowie Neugründungen der Automobilkonzerne wie *Moia* von Volkswagen oder der von Daimler übernommene Dienst *Via* versuchen, in diese von Uber aufgestoßene Tür einen Fuß zu bekommen. Mit Blick auf die Entwicklung in Amerika und Asien könnte sich rasch ein großer Markt für solche neuen Fahrdienste entwickeln. Im Unterschied zu Uber findet im Vorfeld aber eine intensive Abstimmung mit den Kommunen und den Genehmigungsbehörden statt. Moia hat nach ersten Tests in Hannover in Hamburg die Genehmigung für einen neuen Shuttle-Dienst mit zunächst 500 Fahrzeugen erhalten. Mit flexiblen, nach Fahrtwunsch verkehrenden Elektrokleinbussen sollen Menschen künftig bequem von A nach B kommen. Dabei will man ausdrücklich nicht dem ÖPNV Konkurrenz machen, sondern ein zusätzliches Premium-Angebot in der Preisspanne zwischen Taxi und ÖPNV bieten. Gleichzeitig mit Moia präsentieren auch andere Verkehrsunternehmen neue Dienste. Die Berliner Verkehrsbetriebe (BVG) wollen mit Daimler ebenfalls ein neues Angebot auf Basis von flexibel fahrenden Kleinbussen testen, in Duisburg gibt es seit 2017 ein ähnliches Angebot im Auftrag der dortigen Verkehrsbetriebe und im Sommer 2018 kündigte auch die Münchner Verkehrsgesellschaft (MVG) an, in den Markt solcher flexiblen Bedienformen einzutreten. In mehreren deutschen Städten ist bereits seit einigen Jahren ein Berliner Unternehmen unter dem Markennamen *CleverShuttle* unterwegs, das mit Elektrofahrzeugen eine Art digitales Anrufsammeltaxi anbietet und bereits knapp 1 Million registrierte Kunden meldet.

Diese Liste der Aktivitäten aus dem Sommer 2018 dokumentiert, dass auch in Deutschland Unternehmen aus der IT-Branche, Start-ups, Ausgründungen aus Automobilkonzernen sowie auch die öffentlichen Verkehrsunternehmen erkannt haben, dass es jenseits der bestehenden starren Angebotswelten Bedarf für neue Dienste und Angebote gibt. Allen diesen Diensten ist aber in Deutschland gemein, dass sie angesichts von komplizierten Ausnahmegenehmigungen nur sehr eingeschränkt ihre Dienste aufnehmen können. Von einem Regelgeschäft kann daher bis jetzt keine Rede sein. Überall in Deutschland gilt das Personenbeförderungsgesetz (PBefG), das genau deshalb formuliert wurde, um einen privaten Markt für die Beförderung von Personen gar nicht erst zuzulassen. Die Menschen sollten Auto fahren und die, die es nicht konnten oder wollten, Busse und Bahnen benutzen. Etwas *dazwischen* war nicht vorgesehen. Nach dem Personenbeförderungsgesetz sind im Wesentlichen nur drei Formen von Beförderungsdienstleistung erlaubt: Linienverkehr (also der klassische ÖPNV mit Bussen und Bahnen), Taxis sowie der so genannte

Mietwagen mit Fahrer. Jeder, der Passagiere gegen ein Entgelt befördern will, hat zunächst einmal nur dann einen Anspruch auf eine Genehmigung, wenn das Angebot in eine dieser Kategorien passt. Jede Kategorie ist bei der Betriebsaufnahme mit spezifischen Auflagen verbunden. Der Blick ins PBefG macht klar, warum es auf den Straßen in Deutschland nur diese und keine anderen Verkehrsangebote gibt. Und warum sehen die Taxis dann auch noch alle gleich aus? Weil die entsprechenden Auflagen im PBefG die Fahrzeugstandards für Taxis festschreiben. Warum kommt der Bus auch, wenn gerade niemand mitfahren will? Weil dies zur Definition von Linienverkehrsangeboten im PBefG gehört und weil das organisierte Gemeinwesen bewusst ein solches Angebot finanziert, das verlässlich immer da ist, auch wenn die Nachfrage fehlt. Warum gibt es keine anderen Verkehrsangebote wie beispielsweise von mehreren Fahrgästen gemeinsam genutzte Taxis, die jeden bis zur eigenen Haustür fahren, aber nicht so teuer sind wie ein normales Taxi? Weil das PBefG verhindern soll, dass eine unlautere Konkurrenz zu den lizensierten Taxen und zu den öffentlich finanzierten Linienverkehrsangeboten entsteht.

Dabei verfolgt das bestehende Personenbeförderungsgesetz im Kern ein durchaus plausibles Ziel: Der öffentliche Verkehr in seiner klassischen Form mit Bussen und Bahnen soll vor Konkurrenten geschützt werden, die sich auf dem Verkehrsmarkt nur die *Rosinen herauspicken*. So soll ein umfassendes Angebot an Linienverkehrsangeboten bereitgestellt und öffentlich finanzierbar sein. Um dies zu erreichen, verbietet das PBefG, dass neben den Linien des ÖPNV andere Verkehrsangebote gemacht werden – die Ausnahme bilden Taxis. Diese dürfen überall von Haustür zu Haustür verkehren. Dabei müssen sie sich jedoch unter anderem an einen von der öffentlichen Hand genehmigten Tarif halten. Insbesondere dürfen sie nicht billiger anbieten, als es der Tarif vorsieht. Damit soll verhindert werden, dass einzelne Taxianbieter einen ruinösen Wettbewerb im Sinne eines preislichen *Race to the bottom* starten. Der Markt wird also erheblich kontrolliert und im Volumen auch absolut begrenzt: Das PBefG sieht vor, dass die öffentliche Hand die Anzahl der Taxikonzessionen begrenzen kann, um wiederum einen ruinösen Wettbewerb durch zu viele Anbieter zu vermeiden.

Wer keine Taxikonzession hat, darf dennoch Personen gewerblich befördern, allerdings nur mit einer speziellen Mietwagen-Genehmigung. Mit dieser ist die Auflage verbunden, dass das Fahrzeug nur immer für jeweils einen Fahrtauftrag gemietet werden kann – und danach sofort zum Ausgangspunkt zurückkehren muss. So wird verhindert, dass Mietwagenunternehmen und Taxifahrer zu direkten Konkurrenten werden.

Diese Regelungen, die eine starke Wirkung auf den Alltag der Menschen haben und darüber entscheiden, wer wann welche Dienste anbieten darf oder auch nicht, sind von der politischen Debatte völlig ausgenommen. Wem Ausnahmen zugestanden werden und warum, davon bekommt die Öffentlichkeit nichts mit. Seit der letzten Reform des PBefG im Jahr 2013 – erstmals wurde der Markt für Fernbuslinien generell liberalisiert – gibt es eine Art Öffnungsklausel, die den Genehmigungsbehörden im Prinzip erlaubt, auch andere Verkehrsarten zu genehmigen. Doch diese Öffnungsoption ist mit hohen Auflagen verbunden: es dürfen zwar so genannte *atypische Angebote* genehmigt werden, also beispielsweise digitale Anrufsammeltaxis, aber nur in einem Umfang, dass sie die öffentlichen Verkehrsinteressen und insbesondere die Interessen der bestehenden ÖPNV- und Taxianbieter nicht beeinträchtigen. Dieser umfassende Bestandsschutz führt dazu, dass breit angelegte Experimente mit neuartigen Bedienformen ausbleiben und vor allem im ländlichen Raum ein Flickenteppich von einzelnen kleinteiligen Angeboten entsteht (vgl. Karl et al. 2017). Der bereits erwähnte digitale Anrufsammeltaxidienst CleverShuttle bekam die Genehmigung nur, weil ausschließlich batterieelektrische Fahrzeuge eingesetzt wurden und die Gesamtzahl der eingesetzten Fahrzeuge beispielsweise in Berlin auf maximal 30 begrenzt wurde. Zum Vergleich: Berlin verfügt über knapp 8.000 Taxilizenzen.

Die hohen Auflagen erfüllen daher bisher ihren regulatorischen Zweck, nämlich den öffentlichen liniengebundenen Verkehr und das Taxi zu schützen, indem jegliche anderen denkbaren Verkehrsangebote verboten bleiben. Doch wie lange kann das gut gehen? Schließlich sind mit den Folgen der Massenmotorisierung ganz neue Herausforderungen entstanden, die Digitalisierung macht viele neue Optionen verfügbar und mit den zunehmenden multimodalen Verkehrspraktiken sind andere Nachfrageformen entstanden.

Feinheiten des Personenbeförderungsrechts

Ein Schlupfloch für Innovationen sieht das PBefG allerdings doch vor, nämlich die so genannte Experimentierklausel. Diese erlaubt der Genehmigungsbehörde, neuartige Angebote zumindest für die Dauer von vier Jahren zuzulassen – allerdings ohne Möglichkeit auf Verlängerung. Bisher gab es nicht viele Unternehmen, die versucht haben, von dieser aufgrund der zeitlichen Befristung eher unattraktiven Option Gebrauch zu machen. Denn in der Regel braucht es mehr als vier Jahre, um neuartige Angebote zu testen und weiterzuentwickeln. Wenn danach keine Chance besteht, dass der Dienst dauerhaft genehmigt wird, erscheint es nicht sehr lohnend, ein solches Experiment überhaupt zu starten. Hinzu kommt, dass der Antragsteller oder die Antragstellerin vom Ermessen der jeweiligen Genehmigungsbehörde abhängig ist. Die Behörden haben aber in der Regel ein starkes Interesse daran, Risiken bei der Genehmigung zu vermeiden. Aus ihrer Sicht ist es im Zweifel besser, ein neuartiges Angebot gar nicht erst zuzulassen, auch wenn es mit der Experimentierklausel theoretisch möglich wäre. Es besteht immer die Gefahr, dass etablierte Unternehmen, insbesondere die lokalen Taxianbieter, gegen eine erteilte Genehmigung klagen, weil sie ihre Existenz gefährdet sehen. Allerdings beginnt sich das zu ändern. Akteure mit genügend Kapital und langfristig strategischen Interessen haben begonnen, Genehmigungsbehörden regelmäßig mit solchen Anträgen zu konfrontieren. Dies scheint insbesondere dann nicht ohne Erfolgsaussichten, wenn sich eine Kommune hinter die neuen Anbieter stellt. Die Freie Hansestadt Hamburg hat beispielsweise mit der VW AG sowie mit der DB AG gleich mehrere Vereinbarungen geschlossen, um im Personentransport zukünftig neue Wege zu gehen.

Der Bundesgesetzgeber bleibt dagegen bislang hart. Das PBefG schützt weiterhin den Linienverkehr vor anderen potenziell denkbaren Angeboten der Personenbeförderung. Zugleich hat die Schutzlogik des PBefG, das so genannte *Abstandsgebot* zwischen den erlaubten Verkehrsarten, den Effekt, dass bei Angeboten jenseits des privaten Pkw keine substanziellen Angebotsinnovationen möglich waren. Aus den oben genannten Gründen des Schutzes des Bestehenden konnten Anbieter ihre innovativen Dienstleistungen nicht in größerem Umfang ausprobieren, geschweige denn dauerhaft am Markt etablieren. Das Ergebnis ist das politisch erwünschte: Der Privatwagen bleibt attraktiv und der ÖPNV ist jeder Ergänzung um neue Angebote beraubt.

Die hier beschriebenen Feinheiten des Personenbeförderungsrechts in Deutschland waren lange Zeit überhaupt kein Thema in der Öffentlichkeit. Außerhalb der Fachkreise ist das PBefG gar nicht erst bekannt. Doch dank des kalifornischen Plattformbetreibers Uber gewinnt die Frage, wer eigentlich in Deutschland Personenbeförderung betreiben darf, an politischer Brisanz. Schon 2016 empfahl die von der Bundesregierung eingesetzte Monopolkommission, das Personenbeförderungsrecht in Richtung der Ermöglichung neuer plattformbasierter Angebote zu überarbeiten. Die politische Debatte über die Zukunft der Regulierung der Personenbeförderung ist also nicht mehr aufzuhalten, ein weiteres Indiz dafür, dass eine Re-Politisierung der Verkehrspolitik beginnt und Grundfragen der Marktordnung vor dem Hintergrund der mittlerweile entstandenen Optionen kritisch auf ihre bisherige Schutzwirkung reflektiert werden.

Reformen an den Basisgesetzen des Verkehrs rücken allmählich in das Licht der Öffentlichkeit. Immer deutlicher wird erkennbar, dass die bestehende Ordnung das Ergebnis politischer Entscheidungen ist, die allerdings viele Jahrzehnte zurückliegen und unter anderen Umständen getroffen wurden. Die aktuelle Situation zeigt zudem, dass neue Lösungen dringend gebraucht werden. Die öffentlichen Verkehrsunternehmen sind nicht in der Lage, unter den bestehenden Bedingungen neue Lösungen anzubieten.

Dabei muss man kein mathematisches Genie sein, um zu erkennen, dass eine regulative Grundordnung eines neuen Verkehrs das Beste aus beiden Welten, sowohl aus dem motorisierten Individual- als auch dem öffentlichen Verkehr, verbinden sollte. Das private Automobil zeigt, wie attraktiv der Individualverkehr sein kann und wie gut er zu einer gesellschaftlichen Struktur der Privatheit passt. Die Folgen des Massenverkehrs zeigen aber auch die Grenzen von einzelnen Gerätschaften und zwar unabhängig davon, ob sie von Dieselmotoren oder durch elektrische Energien angetrieben werden. Es macht auch keinen Sinn, wenn alle Autos autonom fahren, solange es in privater und damit exklusiver Eigentümerschaft passiert.

Denn die bereits zitierten Entwicklungen der fortschreitenden Individualisierung und Pluralisierung von Gesellschaften sind im Zeitalter digitaler Medien überhaupt nicht mehr an Gerätschaften gebunden. Zur Entfaltung der modernen Lebenspraktiken wird die gesamte Breite und Tiefe der Verkehrslandschaft genutzt und sozusagen individualisiert. Das kann mal ein Auto sein, das können aber auch Busse und Bahnen sein, je nachdem welche Transportfunktion schneller organisierbar ist.

Die viel zitierte Modellstudie des International Transport Forums (ITF) zur radikalen Reduzierung privater Automobile am Beispiel der portugisischen Hauptstadt, die berühmte *Lissabon-Studie*, simuliert, wie der gesamte private Autoverkehr im Großraum Lissabon durch ein flexibles, digital gesteuertes Angebot von Kleinbussen und Taxis ersetzt werden könnte – allerdings nur, solange der öffentliche Verkehr auf den Hauptachsen, das sind vor allem S- und U-Bahnen und Metrobuslinien, erhalten bleibt (vgl. ITF 2016). Das Versprechen der digital basierten flexiblen Fahrdienste, den Verkehr in den Ballungsräumen tatsächlich zu entlasten, lässt sich nur erfüllen, wenn weiterhin ein großer Teil der Wege mit den klassischen öffentlichen Verkehrsmitteln zurückgelegt wird. Nur diese sind in den dicht besiedelten Großstädten effizient genug, um auf engem Raum viele Menschen zu befördern. Entscheidend für die Nutzung wird die digitale Verfügbarkeit sein, kombiniert mit einem pragmatischen Nutzen. Denn auch Busse und Bahnen lassen sich individualisieren, wenn sie im mobilen Internet genutzt werden. Im digitalen Zeitalter gibt es keine Unterscheidungen mehr zwischen privatem und öffentlichem Verkehr. Die Zukunft gehört ohne Zweifel den digitalen Vermittlungsplattformen, allerdings nicht mit privaten Fahrzeugen. Das war sozusagen erst der Beginn, die propädeutische Einübung in das Neue.

Zentraler Akteur in einem solchen Szenario kann nur ein öffentlicher Aufgabenträger sein, eine Einrichtung, die das öffentliche Verkehrsinteresse in einer Kommune wahrt und das PBefG sozusagen als Instrument anwendet. Insofern führen solche Stimmen in die Irre, die wie in den USA bereits fordern, Busse und Bahnen abzuschaffen und durch digitale Vermittlungsplattformen zu ersetzen. Ganz im Gegenteil: Gerade Busse und Bahnen müssen Teil des Angebotes sein und durch die flexiblen Fahrzeuge ergänzt werden. In Ballungsräumen und erst recht zu Stoßzeiten wird der Verkehr ohne die dicht getakteten Großgefäße nicht fließen. Mit der rigiden Praxis des bestehenden Personenbeförderungsgesetzes wäre diese Wende allerdings nicht vereinbar.

Die neue Definition des Schutzgutes

Im Bereich der digitalbasierten Fahrdienste formieren sich aktuell mächtige Akteure, die diese Technologie voranzubringen versuchen. Dahinter steht kein ökologischer, sondern ein kommerzieller Impuls mit einer fundierten Ahnung von neuen Bedürfnissen und Begehrlichkeiten. Dies birgt die Gefahr, dass am Ende die neuartigen Fahrdienste mit noch mehr Autos die Straßen belasten. Es bietet aber zugleich die Chance, endlich ein modernisiertes öffentliches Verkehrsangebot in Kombination mit zusätzlichen flexiblen Fahrdiensten zu schaffen, das geeignet ist, große Teile des privaten Autoverkehrs in den Städten zu ersetzen und die gesamte Angebotslandschaft mit Bussen und Bahnen als *Backbone* in ein integriertes Gesamtsystem zu überführen.

Bei so vielen technischen Optionen, neuen Akteuren und veränderten Praktiken bleibt die Frage offen, was es denn zukünftig überhaupt zu schützen gilt? Bisher wurde in diesem Buch vor allem daran erinnert, dass der private Autobesitz sowie das Fahren und Parken von Verbrennungskraftmaschinen in der Vergangenheit als Teil eines umfassenden gesellschaftspolitischen Modernisierungsprogramms an seine legitimatorischen Grenzen gelangt ist und die damit verbundenen Privilegien aufzukündigen seien. Ebenfalls skizziert wurden die Schutzinteressen des öffentlichen Verkehrs und der Taxiunternehmen, die im Schatten der Massenmotorisierung wichtige Ergänzungsfunktionen eingenommen haben. Unbenommen der Tatsache, dass die Repräsentanten dieser Interessen die gewährten Privilegien und Schutzräume weiter aufrechterhalten möchten, stellt sich die Frage, was es im Rahmen einer re-politisierten Verkehrspolitik neu zu schützen gilt.

Bei näherer Betrachtung sind dies sicherlich die zuvor genannten Ziele, nämlich Menschen gesellschaftliche Teilhabe zu ermöglichen und dies unabhängig von Status und finanziellem Vermögen und in Einklang mit den Erfordernissen einer nachhaltigen Ressourcenbewirtschaftung. Die zukünftige Regulierungspraxis einer re-politisierten Verkehrspraxis würde auf die Bevorzugung einzelner Verkehrsgerätschaften oder gar Verkehrsträger im Unterschied zu vor achtzig Jahren verzichten können.

Sichergestellt werden sollte daher die stringente Ausrichtung auf das genannte Ziel. Im Ergebnis würde dies bedeuten, die Kombination des Geräteparks optimal auszubalancieren. In Städten wie auch auf dem Land sind die Menschen weder gleichförmig noch völlig individualisiert unterwegs. Zu Spitzenzeiten helfen Großgefäße, zu Zeiten wo weniger Betrieb herrscht, sind individualisierte Angebote gefragt. Der private und öffentliche Verkehr müsste die zwischenzeitlich entstandene Vielfalt sozialer Praktiken unterstützen und dabei ohne neue Privilegien auskommen.

Es ist gleichfalls zu unterstellen, dass die herrschende regulatorische Praxis nicht über Nacht zu verändern ist, dass aber der Anspruch auf Schutzrechte in einer re-politisierten Verkehrspolitik neu zu begründen und legitimatorisch abzusichern ist. Im bestehenden PBefG könnte dies so verankert werden, dass die aufwendige öffentliche Infrastruktur zu erhalten und gegebenenfalls im Sinne einer effizienten Beförderungsleistung auch

auszubauen wäre. Allerdings nur unter zwei Bedingungen. Die
Unternehmen, die ihren Betrieb von Bussen und Bahnen unter
den Schutz des PBefG stellen können, müssen ihre gesamte Angebotslandschaft öffnen, digital buchbar machen und sich dazu
verpflichten, unter Wahrung der oben genannten Zielstellung
den Betrieb von digitalen Plattformen zu ermöglichen. Diese
dem Schutz des PBefG unterliegenden Firmen – das sind die
Unternehmen des ÖPNV – dürfen bestimmen, wann und wo
auch Dienste von Vermittlungsplattformen erlaubt sind. Das jeweilige ÖPNV-Unternehmen muss diese nicht selbst betreiben,
sondern kann andere Unternehmen beauftragen beziehungsweise lizenzieren. Kernelement aller dieser Dienste ist ein Roaming
in alle Richtungen, das heißt, derjenige, der unter dem Schutz
des PBefG zukünftig Dienste anbietet, ist dazu verpflichtet, zuzulassen, dass auch andere als seine eigenen Kunden diese Dienste
nutzen können.

Sinn und Zweck einer solchen Regelung wäre es, die Möglichkeiten des Digitalen vor dem Hintergrund veränderter gesellschaftlicher Bedarfslagen mit den allgemeinen Interessen an
einer hohen Bündelungsfunktion im Verkehr zu vereinbaren.
Dieses regulatorische Modell sollte nicht nur in Ballungsräumen
wirksam sein. Der Reiz bestünde darin, ein öffentliches Verkehrsinteresse zu definieren, das überall wirksam ist und den jeweiligen Gegebenheiten angepasst wird.

Dem bereits zitierten Aufgabenträger als Wahrer der öffentlichen Verkehrsinteressen wäre damit ein Set an Optionen an die
Hand gegeben, mit der die Digitalisierung und Vernetzung von
unterschiedlichen Verkehrsangeboten verlangt und damit eine
Kombination aus kommunalen Verkehrsunternehmen und digitaler Plattformökonomie ermöglicht werden kann. Das wäre ein
wichtiges Element einer neuen, re-politisierten Verkehrspolitik,
die dem privaten Automobil eine neue Alternative gegenüber-
stellt.

5. Ausblick: Neue Freiheiten nach dem privaten Auto

Im Verkehr gibt es nichts, was nicht politisch ist. Das Auto ist erst mit Hilfe politischer Maßnahmen zu einem attraktiven Verkehrsmittel geworden. *Freie Fahrt für freie Bürger* funktionierte nur, wenn auch genügend Platz geschaffen und andere Verkehrsmittel an den Rand gedrängt werden konnten. Aber selbst bei der Suche nach Alternativen zeigt sich: Was zukünftig überhaupt marktfähig ist, wird in erster Linie politisch entschieden. Aber kann man sich angesichts der vielen Autos auf den Straßen tatsächlich eine Alternative vorstellen? Dass alles politisch ist, heißt ja noch lange nicht, dass sich der dafür notwendige politische Wille auch mobilisieren lässt. Hört man auf die Zukunftsforschung, verfolgt die Berichterstattung in den Medien und glaubt den Ankündigungen der Automobilhersteller, dann wird in Zukunft alles prima, weil dann alle Autos autonom fahren, verkehrssicher unterwegs sind und durch kontrolliertes Tempo einen optimalen Verkehrsfluss garantieren.

In der Tat sind die Fahrzeuge heute bereits in der Lage, Störungen und Unregelmäßigkeiten wie zu dichtes Auffahren oder das Verlassen der Spur über Sensoren zu erkennen und eigenständig darauf zu reagieren. Auch das so genannte *Platooning*, also das technisch gesteuerte enge hintereinander-Fahren in Kolonne auf Autobahnen, wird bald möglich sein und bereits in wenigen Jahrzehnten das Bild des Autobahnverkehrs mitbestimmen. Ebenfalls dürften in kurzer Zeit bereits so genannte Shuttles unterwegs sein, die auf abgeschirmten Geländen und Strecken einen Fahrbetrieb ohne Fahrer erlauben. Solche (teil-) autonomen Fahrzeuge werden nicht mehr in einem strengen

Taktfahrplan verkehren und an Haltestellen stoppen, sondern *on demand*, also auf Verlangen kommen (vgl. Hunsicker et al. 2017). Die technischen und auch rechtlichen Voraussetzungen für ein vollständig autonomes Fahren in Städten mit freier Streckenführung und selbstständiger Disposition sind allerdings noch nicht gegeben. Das oft in der Art von Science-Fiction skizzierte Bild von Fahrzeugen, die sich selbständig disponieren und als eine Art Robotaxi unterwegs sind, wird in den nächsten Jahrzehnten noch nicht der Realität entsprechen. Insbesondere die Shuttles verkehren zurzeit noch eingeschränkt auf sogenannten digitalen Schienen, denn sie können zwar Hindernisse durch Radar sehr genau erkennen, aber nicht wirklich interpretieren (vgl. InnoZ 2018; Nordhoff et al. 2018). Weitere Voraussetzung für den Betrieb von (teil-)autonomen Fahrzeugen sind auch hier wieder umfassende Veränderungen in der Straßenverkehrsordnung und auch in der Straßenverkehrszulassungsordnung. Soll der Betrieb auf öffentlichem Straßenraum starten, dann sind aufwendige Genehmigungsverfahren notwendig. Der Shuttle selbst und auch die gewählte Strecke müssen von Sachverständigen geprüft und dann über Einzelzulassungen zeitlich befristet genehmigt werden. Zwar wurde die *Wiener Übereinkunft*, eine internationale Konvention aus dem Jahre 1968 zu grundsätzlichen Regeln des Straßenfahrzeugverkehrs, im Jahre 2018 etwas abgeändert, so dass nicht mehr zwingend vorgeschrieben ist, dass beim Lenken eines Fahrzeuges immer mindestens eine Hand am Lenkrad zu sein hat (vgl. VDA 2018: 122). Technische Unterstützungs- und Überwachungshilfen sind bei der Steuerung von Fahrzeugen demnach nun zulässig, doch muss der Fahrzeugführer immer noch zwingend jederzeit die Kontrolle ausüben können. Eine ausreichende rechtliche Öffnung für autonomes Fahren ist das noch nicht, aber die entsprechenden Sachverständigenkreise sind bereits aktiv und beraten intensiv über weitere Reformen des internationalen Regelwerks. Allerdings werden die Räume des Experimentierens hier eng ausgelegt (vgl. BMVI 2017a). Die USA ist der Übereinkunft nicht beigetreten, hier sind die technischen Optionen des autonomen Fahrens andere, weil in den USA von Fall zu Fall, von Bundesstaat zu Bundesstaat pragmatisch entschieden und nach dem *trial-and-error-Prinzip* verfahren wird. Versuche auch im öffentlichen Raum werden einfacher zugelassen und die auch in den USA geltenden Sicherheitsvorschriften flexibler interpretiert (vgl. Canzler, Knie 2018).

Die Digitalisierung ändert alles

Aber selbst wenn das teil-autonome Fahren sich tatsächlich durchsetzt, wird es nicht die Renaissance des privaten Autos einläuten. Denn die Entfremdung vom eigenen, privat besessenen und betriebenen Fahrzeug wird weiter voranschreiten. Die Säkularisierung der ehemaligen Ikone der Moderne setzt sich weiter fort. Die bereits mehrfach beschriebene Verbreitung digitaler Techniken und mobiler Plattformen macht auch vor der Wahl der Verkehrsmittel nicht Halt und wird tiefgreifende Spuren auch in der Verkehrspraxis hinterlassen. Was zunächst bei der jüngeren Generation und mehrheitlich in städtischen Kontexten zu beobachten war, findet längst Verbreitung in anderen Altersgruppen, auch außerhalb der städtischen Räume. Die digitalen Medien schieben sich wie ein Filter vor den Blick auf die Wirklichkeit. Was nicht digital in Erscheinung tritt, findet nicht mehr statt. Die digitale Präsenz entscheidet darüber, ob etwas genutzt wird oder auch nicht. Die Verbreitung des Smartphones verläuft noch weit dynamischer als die des Autos und das Digitale schafft eine noch höhere raum-zeitliche Singularität. Die Organisation von Leben und Arbeiten funktioniert noch individueller, die Kommunikation und der Medienkonsum lassen sich ohne Ortsbezug organisieren. Die Zentrifugalkräfte des Digitalen werden erst versetzt sichtbar, die damit verbundenen sozialen Erosionsprozesse sind noch kaum erkennbar. Sozialität ist kein Selbstläufer mehr, sondern ein immer mühsamer zu organisierendes Ereignis. Früher Unhinterfragtes wie das gemeinsame Frühstück oder Abendessen müssen als Gemeinschaftsbildung eingeklagt und organisiert werden. Durch die technologische Entwicklung wird jene gesellschaftliche Dynamik der Individualisierung verstärkt, die seit Ferdinand Tönnies unter den Begriffen *Gemeinschaft versus Gesellschaft* diskutiert und in den schon erwähnten

Arbeiten von Ulrich Beck als Zweite Moderne in ein geschlossenes Gedankenwerk integriert wurde. Was gegenüber früheren sozialen Differenzierungsprozessen neu ist, sind die diesen Prozess massiv unterstützenden digitalen Medien. Zu keiner Zeit in der Menschheitsgeschichte hat sich eine Technik so schnell verbreitet wie das Smartphone; ein Gerät, das Individuen ein hohes Maß an Zugängen wie nie zuvor verschafft. Die Welt wird in Sekundenschnelle zu einem globalen Marktplatz, bei dem so gut wie alles verfügbar, vergleichbar und beschaffbar ist. Natürlich bleibt die Suche nach Gemeinschaft ein permanentes Anliegen, aber die Beziehungsformen sind unverbindlicher und jederzeit aufkündbar. Dauerhaftigkeit, Stabilität und Verlässlichkeit werden als Qualitäten weit weniger stark gewichtet wie Optionales, Flexibles und Revidierbares.

Die Folgen des sich weiter verbreitenden Singulären sind auch wie angedeutet an den unmittelbaren Verkehrsformen erkennbar. Eine der Grundregeln der modernen räumlichen Mobilität, nämlich die Gestaltung der eigenen Zeit und des eigenen Raumes, emanzipiert sich im Digitalen in radikaler Weise von der Geräteebene. Früher waren Privatheit und individuelle Freiheiten eng mit einem unmittelbaren Fahrzeug verbunden, sie waren gerätetechnisch an das private Automobil gekoppelt. Wer aus der Gesellschaft ausbrechen wollte, der stieg auf sein Fahrrad, startete sein Moped oder nutzte sein Auto. Der verbreitete Wunsch, immer das Auto in der Nähe zu haben und damit die Möglichkeit auch weite Strecken jederzeit überwinden zu können, rührt aus diesem Urwunsch nach räumlicher Flexibilität. Das Auto bezog seine Attraktivität aus dieser – sogar politisch gewährleisteten – Möglichkeit des Entfliehens. Mit dem Auto im Kopf ließ sich vieles aushalten, weil die Alternative des Verschwindens gegeben war. Im Stau allerdings nicht mehr.

Zugespitzt formuliert wurde das Fluchtvehikel zunehmend zum Klotz am Bein. Wer in der Stadt das Auto weit weg von der Wohnung abstellen muss und nicht weiß, ob morgens die Staulage angespannt ist und auch den Abendtermin nur widerwillig mit dem eigenen Fahrzeug ansteuert, weil die Parkplatzsituation gerade dort stresst, für den ist das Auto mehr Problem als Lösung.

Die Digitalisierung mindert den Wunsch ein ganz persönliches Verkehrsgerät zu besitzen deutlich. Die Flexibilität, die unterschiedlichen Optionen, jetzt und hier Zugang zu erhalten und situationsangepasst genau das zum definierten Zeitpunkt passende Fahrgerät zu haben, wird sich zur dominanten Nutzung entwickeln. Das Berliner *Innovationszentrum für Mobilität und gesellschaftlichen Wandel* (InnoZ) befragt seit einigen Jahren so genannte *Lead User*, also Gruppen der Gesellschaft, von denen man annehmen kann, dass sie heute bereits Verhaltensmerkmale und Dispositionen zeigen, die morgen verbreitet sein werden. Diese Gruppe zeichnet sich unter anderem dadurch aus, dass hier bereits frühzeitig das Rad als tägliches Transportmittel entdeckt wurde, die Nutzung von mobilen Plattformen von den ersten Gerätegenerationen an im Alltag eingeführt und auch die Ernährungsgewohnheiten durch eine andere Produktzusammenstellung gekennzeichnet war. Es handelt sich um eine vorwiegend städtische Bevölkerung in Nordamerika, Europa und Teilen von Asien, deren Verhalten aber heute schon zeigt, wie das Digitale die Multioptionalität unterstützt und wie die emotionale Bindung an ein einzelnes Verkehrsgerät schwindet. Diese Gruppe nutzt Angebote digitaler Plattformen wie *Uber* und *Lyft*, kommt bereits stärker mit dem Fahren in teil-autonomen Fahrzeugen in Berührung, nutzt aber auch Busse und Bahnen des städtischen Nahverkehrs. Die Verwendung der digitalen Medien bietet Aussichten auf neue Freiheiten auch ohne diese Fluchtgerätschaften. Denn enge Bindungen an irgendein Verkehrsgerät gehen diese Lead User gar nicht mehr ein. Das (teil-)autonome Fahren wird vor allen Dingen als *Idee* Teil dieser neuen Welt sein, aber es wird die Autoindustrie nicht erfreuen. Denn in wenigen Jahren wird es als völlig archaische Eigenschaft empfunden, selbst am Steuer eines Wagens zu sitzen und sogar noch zu kuppeln oder zu schalten. Bei Befragungen gehen Shuttle-Testnutzer in der überwiegenden Mehrzahl davon aus, dass sich autonome Systeme im Verkehr und insbesondere beim Kraftfahrzeug durchsetzen werden und dass dies den Alltag wie selbstverständlich gravierend verändert. Die Befragungen umfassten dabei alle gesellschaftlichen Gruppen und wurden beim laufenden Betrieb eines (teil-)autonomen Shuttle-Services in Delft und Berlin vorgenommen (vgl. Nordhoff et al. 2018).

Betreiber von ehemaligen Rennsportgeländen dürften zukünftig vermutlich gutes Geld damit verdienen, dass man wie früher noch selbst Autofahren kann. Aber aus dem Alltag wird dies schneller verschwinden als wir uns das vorstellen wollen, einmal unterstellt, dass die oben beschriebenen technischen Voraussetzungen gegeben sind. An der sozialen Akzeptanz wird die Einführung autonomer Systeme im Verkehr jedenfalls nicht scheitern.

Die eingangs erwähnte Wandlung des Autos als Ikone der Moderne zu einer Commodity, zu einer Ware ohne Marke, wird bei den zitierten Lead Usern bereits gelebt. Aber auch in den städtischen Gesellschaften sind andere Verhaltensweisen in Bezug auf das Auto bereits weit verbreitet (vgl. Kasten). In Berlin verhalten sich schon jetzt mehr als zwei Drittel der Einwohner multimodal und zwar über alle Altersgruppen und sozialen Schichten hinweg. Diese vor allen Dingen digital unterstützte pragmatische Verkehrsmittelnutzung wird natürlich nur dort gelebt, wo trotz restriktiver Bedingungen die dafür notwendigen Optionen verfügbar sind. Eine zentrale These dieses Buches ist, dass der Wunsch nach flexibler Fortbewegung größer ist als der nach einem eigenen Auto. Aber das private Kraftfahrzeug hat diese Option erfolgreich ein Jahrhundert lang okkupiert und es fällt daher schwer, sich eine Welt der Bewegung jenseits des eigenen Autos vorzustellen.

Mobilitätsmuster und Einstellungen von Mobilitätspionieren

Bei allen gesellschaftlichen Wandlungsprozessen gibt es Vorreiter und Treiber, die neue soziale Praktiken und Einstellungsmuster besonders früh aufgreifen oder selbst mitgestalten, während die Mehrheit noch dem ausgetretenen und bisher gültigen Pfad folgt. Auch in Hinblick auf eine Verkehrswende lassen sich solche Trendsetter ausmachen. Zu ihnen gehören die Nutzerinnen und Nutzer von Carsharing. Diese nutzen schon heute das Auto als eine Verkehrsmittelalternative unter mehreren – als eine Option, auf die sich im Alltag leicht und unkompliziert zugreifen lässt, ohne dass man unbedingt ein eigenes privates Auto braucht.

Deshalb ist diese Gruppe soziologisch gesehen besonders interessant. Mehrere Studien haben in den vergangenen Jahren die Verkehrsmittelnutzung von Carsharern untersucht – und dabei immer wieder auch die Nutzer der neuen flexiblen Angebote wie *Car2Go* und *DriveNow* mit denen der stationsbasierten Angebote verglichen. Es zeigt sich deutlich, dass Carsharing-Nutzerinnen multioptionale Mobilitätsmuster haben. Zwar verfügen laut einer Studie von Kopp et al. (2015) immerhin 50 Prozent der befragten Kunden des Free-Floating-Carsharing-Anbieters DriveNow über einen PKW im Haushalt. Trotzdem nutzen nur 23 Prozent der Befragten den Pkw (fast) täglich, weitere 25 Prozent mindestens einmal pro Woche. Bei dem untersuchten stationsbasierten Angebot (Flinkster) liegen diese Werte deutlich darunter (8-12 Prozent) (vgl. BCS 2016). Nutzerinnen beider Systeme verzeichnen hohe Anteile des ÖV an ihren alltäglichen Wegen. In der Studie von Kopp et al. (2015) liegt der Anteil der Kunden von Free-Floating-Carsharing, die (fast) täglich den ÖPNV nutzen, bei 47 Prozent. Beim stationsbasierten System Flinkster sind es sogar 57 Prozent. Damit liegen sie deutlich über dem Durchschnitt einer Vergleichsgruppe mit gleicher Altersstruktur in Städten über 500.000 Einwohner aus der Befragung *Mobilität in Deutschland* (vgl. Infas, DLR 2010), die auf nur 28 Prozent tägliche ÖV-Nutzung kommt. Bestätigt werden diese Ergebnisse von einer Studie des Innovationszentrums für Mobilität und gesellschaftlichen Wandel (vgl. Ruhrort et al. 2014). Darin wurde ermittelt, dass 40 Prozent der Befragten Free-Floating-Carsharing-Kunden (fast) täglich den ÖV nutzen, weitere 25 Prozent nutzen diesen an ein bis drei Tagen pro Woche. 43 Prozent verwenden täglich das Fahrrad. Den Pkw nutzen nur zwölf Prozent (fast) täglich.

Carsharing wird also flexibel mit anderen Verkehrsmitteln kombiniert. Die Frage lautet nun: Wenn diese Gruppe schon heute die multioptionale Mobilität von morgen lebt, lassen sich an ihr dann auch die verkehrspolitischen Weichenstellungen von morgen studieren?

Mit anderen Worten: Welche Verkehrspolitik und welche Stadtentwicklung wünschen sich diejenigen, die heute schon eine multioptionale Mobilität im Alltag leben? Hinweise dazu gibt eine Studie, die im Jahr 2015 ebenfalls im InnoZ durchgeführt wurde (vgl. Ruhrort 2018). Rund 80 Nutzerinnen und -nutzer von Elektro-Carsharing (stationär und Free-Floating) in Berlin wurden zu ihren Einstellungen gegenüber verschiedenen verkehrspolitischen Maßnahmen befragt. Der Fokus lag dabei bewusst auf Maßnahmen, die auf eine Umverteilung von öffentlichen Straßenräumen weg vom Auto und hin zu anderen Verkehrsmitteln abzielen. In der Befragung zeigen sich in dieser Gruppe fast über alle Fragen hinweg Mehrheiten auch für durchaus weitgehende Maßnahmen und auch im direkten eigenen Lebensumfeld: 46 Prozent der Befragten stimmen *voll und ganz zu*, dass auf von ihnen genutzten Hauptverkehrsstraßen eine Autofahrspur durch eine Fahrradspur ersetzt wird. Weitere 22 Prozent stimmen dieser Maßnahme überwiegend zu. 44 Prozent stimmen voll und ganz zu, dass mehr Straßen in Fahrradstraßen umgewandelt werden sollten, weitere 15 Prozent stimmen dieser Maßnahme überwiegend zu. Mit 66 Prozent spricht sich eine deutliche Mehrheit sogar dafür aus, dass die Zahl der Parkplätze in Einkaufs- und Geschäftsvierteln der Stadt verringert wird, um mehr Platz für Fußgänger, Fahrräder und Grünflächen zu schaffen. Selbst im eigenen Wohnviertel sind immerhin noch 50 Prozent für eine Verringerung der Parkplätze. Deutlich geringer fällt die Zustimmung aus, wenn es um die Schaffung von *autofreien Wohnvierteln* geht – also Vierteln, in denen Autos nur ausnahmsweise fahren dürfen und in denen keine Parkplätze für Autos bereitgestellt werden. Hier sind es immerhin noch 39 Prozent der Befragten, die der Aussage voll und ganz zustimmen, dass sie gerne in einem autofreien Quartier wohnen würden. Weitere 15 Prozent stimmen dem überwiegend zu.

Die Befragung deutet darauf hin, dass sich viele Carsha-
ring-Nutzer eine Verkehrspolitik wünschen, die öffentliche
Räume neu aufteilt: mit mehr Platz für das Fahrrad, aber
auch für andere Nutzungen. Selbst das autofreie Wohnen
als radikalste Ausprägung einer Neuaufteilung öffentlicher
Räume weg vom Auto findet noch eine knappe Mehrheit als
wünschenswertes Modell für das eigene Wohnen. Weitere
Studien werden zeigen müssen, ob mit der Ausbreitung von
Carsharing auf neue Nutzersegmente sich auch die verkehrspolitischen Einstellungen bei weiteren Bevölkerungskreisen in
diese Richtung ändern.

Die Digitalisierung eröffnet vielfältige neue Perspektiven auch
und gerade in der Verkehrswelt. Um sie zu erkennen, muss man
sich gedanklich einmal von den tatsächlich herrschenden Ver-
hältnissen und den damit verbundenen Restriktionen lösen und
sich sozusagen zwingen, kontrafaktisch zu denken. Denn auch
die derzeit realen Alternativen zum Auto, das im Stau steht und
keinen Parkplatz findet, sind auf den ersten Blick nicht wirklich
attraktiv: Der ÖPNV ist ein nicht immer zuverlässiges und vor
allen Dingen manchmal undurchsichtiges Konstrukt: Es vereint
Bus- und Bahnlinien mit Tarifzonen und Fahrscheinen, die aber
nicht überall gültig sind und die man an Fahrkartenautomaten
oder an einem Fahrkartenschalter vor Antritt der Fahrt erwerben
und manchmal entwerten muss, manchmal aber auch nicht. Andere Optionen wie das klassische Carsharing erscheinen nicht
weniger umständlich: Man kann das Angebot erst nutzen, wenn
man Mitglied eines Clubs geworden ist und der Weg zum Miet-
auto kann weit und beschwerlich werden. Erst muss man sich auf
die Suche nach einer passenden Leihstation machen, die hinter
einer verrosteten Pforte im Hinterhof einer Kirche, eines Ge-
meindezentrums oder einer Schule liegen kann, an der man sich
schon beim Öffnen den Fingernagel einreißt. Bei den Mieträdern
sieht es nicht besser aus. Erst braucht man gefühlte Stunden, um
sich durch die Online-Registrierung zu klicken, bevor man am
Ende doch aufgibt. Und ganz zu schweigen von der Bahn, deren

Tarife man nicht versteht und bei der man mit EC-Karte im Zug
nichts bezahlen kann. In der Tat sind alle Vorzüge für das private
Auto reserviert, es ist politisch abgesichert und die Alternativen
können keinen Glanz entfalten, vor allen Dingen auch deshalb,
weil man sie alle einzeln erwerben und bezahlen muss.

Blockaden im Kopf

Man stelle sich vor, eine Person könnte zu einem beliebigen Zeitpunkt, alleine, mit Kind und Kegel oder mit Lasten, im Regen, im
Schnee von A nach B gelangen, ohne dass dafür ein aufwendiger
privater Gerätepark mit der dazu gehörigen Infrastruktur vorgehalten werden müsste. Verkehrsmittel wären einfach da und dies
nicht nur in der Stadt, sondern auch auf dem Land. Das Leben in
ländlichen Umgebungen kennt andere Routinen, ist auch bei hoher digitaler Vernetzung noch strukturierter und eingefahrener.
Die Organisation der notwendigen Verkehrsmittel ist planbarer
als in der Stadt, wo der Anteil der spontanen Wege weitaus höher
liegt. Die größeren Freiheiten jenseits des privaten Autos wären
natürlich höhere Erreichbarkeits- und Bedienungsstandards zu
geringeren Preisen als mit einem privatem Fuhrpark. Diese Gedanken sind nicht neu, sie werden mit der Formel *Nutzen statt
Besitzen* oder auch unter dem Begriff des *Zugangs* (Access) schon
länger diskutiert. Allerdings hat die beschriebene Digitalisierung
das Momentum verstärkt, während zugleich das Bedürfnis nach
Flexibilität deutlich höher einzuschätzen ist als der Wunsch nach
gesicherter Bevorratung. Warum sollte es nicht attraktiver sein,
die eigenen Kinder in einem digitalen Shuttle sicher zur Kita oder
zur Schule fahren zu sehen und sich selbst auf einem Scooter zur
Arbeit zu bewegen? Hat man dann die Patchwork-Familie doch
mal zu einem Ausflug zusammen, kann man den gemieteten Van
nutzen, der am Abend gar nicht mehr da ist und keine Parkplatz-
sorgen aufwirft. Und vor dem Schlafengehen braucht es keine auf-
wendigen Planungen mehr, wer denn am nächsten Morgen mit
dem Auto wohin gebracht werden muss. Vieles ist denkbar und
auch möglich, was über die ursprüngliche Fixierung auf das private Auto und seiner Festschreibung im öffentlichen Raum hinaus-

geht. Soziale Gruppen, die sich jedenfalls bisher nicht viele private Autokilometer in hoher Qualität leisten können, können eine
neue Beweglichkeit erhalten. Notwendige Voraussetzung dafür
bleibt aber eine Veränderung der verkehrspolitischen Grundordnung.

Davon ist bisher nichts zu sehen. Solche Ideen von neuen
Freiheiten jenseits des privaten Autos sind zwar populär. Von der
Bundespolitik ist ein Politikwechsel im größeren Stil aber nicht
zu erwarten. Ob die Vertreter der Autoindustrie im Kanzleramt
intervenieren, um solche Veränderungen zu blockieren oder
nicht, ist dabei nicht einmal entscheidend. Die vorherrschende
Haltung von Exekutive und Legislative ist der vorauseilende Ge-
horsam. Man geht davon aus, dass vordringlich die Interessen der
Autoindustrie und ihrer Beschäftigten geschützt werden müssen
und tut daher alles, um die Vorherrschaft des privaten Autos im
öffentlichen Raum nicht zu gefährden und umgekehrt auch die
Bedingungen für den öffentlichen Verkehr nicht zu verbessern.
Denn damit würde man gegenüber dem privaten Auto Konkur-
renzverhältnisse schaffen, die man im Interesse der Arbeitsplatz-
sicherung nicht wünscht.

Damit macht sich die Bundespolitik zur Bewahrerin der bestehenden Verkehrslandschaft. Die Chancen einer Re-Politisierung sind vertan, wenn sie nicht aktiv gesucht werden. Stattdessen
hat das Kanzleramt bei der EU-Kommission darauf hingewirkt,
dass im Herbst 2017 die Einführung einer Quote für E-Fahrzeuge
verhindert und auch strengere Umweltauflagen sowie eine Erhöhung der Anteile von Erneuerbaren Energien vermieden werden.
Es scheint sich eine einfache Logik durchzusetzen: Wenn die
autofahrende Bevölkerung bedroht ist, dann muss sie geschützt
und mögliche Einschränkungen der einmal gewährten Freiheiten
müssen verhindert werden. Dass sich hierbei die bundesdeutsche
Politik von den gemeinsam beschlossenen EU-Zielen abkoppelt
und erst Gerichte die Einhaltung der geltenden Umweltvorschrif-
ten anmahnen müssen, ist im Übrigen ein eigenes Kapitel in der
Geschichte der Erosion des EU-Gemeinschaftsgedankens.

In Deutschland hat diese bewahrende Industriepolitik eine
lange Tradition. Der Steinkohlebergbau sowie die Eisen- und

Stahlindustrie sind jahrzehntelang genauso geschützt worden wie aktuell noch der Braunkohletagebau. Überall dort, wo der gewerkschaftliche Organisationsgrad der Beschäftigten groß ist und die betroffenen Bundesländer vehement ihre Interessen vertreten, versucht die Bundesrepublik industrielle Kerne auch dann noch zu schützen, wenn die heimischen Industrien und ihre Produkte auf dem Weltmarkt längst nicht mehr wettbewerbsfähig sind.

Dabei wäre es die dringendste Aufgabe im Dialog von Arbeitgeber- und Arbeitnehmerseite mit der Bundesregierung den notwendigen Strukturwandel vorausschauend anzugehen und die Folgen sozial- und arbeitsmarktpolitisch durch eine Festigung der wettbewerblichen und zukunftsgerichteten Kompetenzen abzusichern. Durch ein Einfrieren der Zustände und eine bewusste Herausnahme aus der internationalen Wettbewerbslandschaft werden die nicht beabsichtigten Folgen – das zeigt die Nachkriegsgeschichte Deutschlands – nur noch schlimmer.

Wenn die Nachfrage nach Strom aus fossilen Brennstoffen sinkt oder die Kosten für die Erzeugung von Stahl soweit über dem Weltmarktpreis liegen, dann sollten neue unternehmerische Ideen und Konzepte ermöglicht und nicht verhindert werden. Durch die Politik des Einfrierens verschlimmert sich die Lage dagegen mitunter sogar sehr schnell. Die betroffenen Unternehmen bleiben noch eine Weile erhalten, die mit dieser Politik provozierten Implosionen zunächst unsichtbar. Hoesch, Krupp, Thyssen oder Preussag waren einst bedeutende Unternehmen und Marken mit einer stolzen Tradition, heute kennt sie kaum noch einer. Daimler, VW oder BMW droht das gleiche Schicksal. Autos mit Dieselmotoren und Betrugssoftware lassen sich ohne den Schutz durch Regierungen künftig weder in Deutschland noch auf dem Weltmarkt absetzen, die Attraktivität der Fahrzeuge kann auch nur dann erhalten werden, wenn weiter großzügig Subventionen bereitgestellt werden und ausreichend Platz zum Abstellen der Fahrzeuge ohne oder nur gegen eine symbolische Bezahlung verfügbar ist. Auf diese Weise schützt die Regierung die deutsche Automobilindustrie vor den Auswirkungen des internationalen Wettbewerbes mit dem Ziel, die heimischen Arbeitsplätze zu erhalten. Am Ende wird sie mutmaßlich genau das Gegenteil erreichen.

Die seit 2018 erneut regierende Große Koalition hat sich im Frühjahr auf eine Art konzertierter Aktion unter Einbeziehung relevanter Akteure wie Unternehmensverbände und Gewerkschaften auf genau diese Politik verständigt: EU-Auflagen werden zurückgewiesen und die Privilegien des Automobils im öffentlichen Straßenraum fortgeschrieben. Der öffentliche Personennahverkehr bleibt in seinen Strukturen geschützt, aber damit auch in seinen unternehmerischen Aktivitäten eingeschränkt. Mögliche Eindringlinge wie die digitalen Plattformunternehmen werden schlicht verboten. Autonomes Fahren darf es nur in eingeschränkter Weise geben und auch nur so weit, wie es mit den herrschenden Straßenverkehrszulassungsbedingungen zu vereinbaren ist. Verkehrspolitik wird zur Strukturpolitik, die vorhandene Welten aus den 1950er Jahren konserviert. Damit sollen hochbezahlte Industriearbeitsplätze gerettet werden. Zukunftsoptionen werden in Zeiten der Großen Koalition als Prüfaufträge an Kommissionen delegiert. Diese Grundhaltung ist angesichts der geschilderten Entwicklung absurd, es ist beinahe so, als ob die Regierung das Schwarz-Weiß-Fernsehen wieder einführen würde. Was einmal politisch hergestellt wurde, scheint auch dann noch politisch verteidigt zu werden, selbst wenn das Produkt aus der Zeit gefallen ist.

Für Anbieter und Dienstleister jenseits des privaten Autos bleibt die Welt daher in Deutschland sehr klein. Unter den gegebenen Umständen werden weder Sharing-Angebote mit Autos, Rädern oder auch nur mit Sitzplätzen, ob stationär, flexibel oder on demand eine größere Wirkung entfalten können. Die Elektromobilität bleibt eine Nischenanwendung und auf wenige Pioniere angewiesen. Das Fahrrad muss sich weiter im ungleichen Kampf um mehr Straßenraum mit den Privilegien des Automobils herumschlagen und auf der Basis der herrschenden Rechtsauffassung kann es diesen Kampf nicht gewinnen. Es ist auch nicht damit zu rechnen, dass die mächtigen Besitzer der digitalen Plattformen hier Änderungen herbeiführen können. Genauso wenig werden die neuen Ausgründungen der Automobilkonzerne die Ordnung der Verkehrslandschaft durcheinanderbringen. Im Zweifel werden alle Vorstöße mit dem Arbeitsplatzargument abgeschmettert und innovative Ideen gemeinsam von Vorstand und Betriebsrat einkassiert.

Plädoyer für ein technisches Feldexperiment

Der Wandel dürfte vor diesem Hintergrund nur in Gang kommen, wenn relevante soziale Praktiken möglich und erkennbar werden. Wenn also jenseits der herrschenden Logik etwas passiert, das sich dann auch so verallgemeinern lässt, dass die einst wirksamen Schutzmechanismen gleichsam implodieren. Wenn Menschen sehen und erleben, dass es auch anders ginge und dass dies auch ganz praktisch ist und viele schon mitmachen, dann lässt sich das Neue nicht aufhalten.

Wer und was könnte eine solche Entwicklung vorantreiben? Ausgehend von dem hier Geschilderten wären nur die Macht und die Wucht des Digitalen dazu in der Lage. Ausgehend von einer sich immer weiter ausdifferenzierenden Gesellschaft und eingedenk der gleichsam neu heraufbeschworenen Schutzbedürftigkeit des privaten Automobils, könnte der Wandel durch eine *digitale Demonstration des Möglichen* eingeleitet werden – durch ein technisches Feldexperiment. Die Verkehrswelt, so fraktal und unübersichtlich sie sich darstellt, ist vergleichbar mit dem Zustand des Internets vor der Erfindung von Browsern. In den Anfängen des World Wide Web konnte man nur mit Wissen des genauen Codes der Suchadresse eine Seite im Internet finden. Suchmaschinen waren völlig unbekannt und wer sich da nicht auskannte, war auch in der wunderbaren Welt des Digitalen verloren.

Man stelle sich also einen Browser für das Verkehrssystem vor. Man sucht sich eine App seiner Wahl und registriert sich mit seinen Stammdaten bei einem Diensteanbieter und hinterlegt dort sein Profil. Danach sollte es ganz einfach sein. Man geht auf die Straße und entscheidet pragmatisch je nach Bedürfnis und Angebot: Ein Auto um die Ecke zum selber fahren? Die U-Bahn? Oder der Scooter? Will man vielleicht doch noch arbeiten? Dann wäre ein Mitnahmedienst sinnvoller. Kurzes Warten und die App meldet den nächstgelegenen Pickup-Punkt. Sie zeigt die Standorte an, organisiert den Zugang zum Gerät und stellt sicher, dass eine Fahrberechtigung vorhanden ist. Los geht's. Stellt man Auto, Roller oder Rad ab, verlässt die U-Bahn, wird der Check-Out automatisch erledigt. Natürlich kann man auch ein Ziel eingeben und verschiedene Optionen vergleichen. Dann lassen sich noch die Zahl der mitfahrenden Personen anklicken und das Alter eintragen – weil der Dienstbetreiber es weniger für die virtuelle, als vielmehr für die *reale Abrechnungswelt* braucht – sozusagen noch als ein Gruß aus der alten Welt. Und ganz wichtig: am Ende des Monats erhält man die Aufstellung aller genutzten Verkehrsmittel ganz transparent und die Rechnung. Kein Nutzer muss mit auch nur einem der vielen verschiedenen Anbieter in Kontakt treten. Man erhält EINE Rechnung und die zum Ex-post-bestprize. Das heißt, der Dienst sammelt nicht nur alle Daten gemäß den datenschutzrechtlichen Vorschriften und organisiert die Zugänge, sondern rechnet auch die jeweiligen Fahrten entsprechend des protokollierten Verlaufes mit dem ÖPNV-Unternehmen oder dem Dienstebetreiber zu *Echt-Bedingungen*, das heißt für die tatsächlich erbrachten Leistungen, ab. Dem Kunden des Dienstebetreibers – also den Endkunden – werden dagegen Paketpreise verrechnet: je geringer CO_2-Ausstoß umso günstiger, je schneller und individueller umso teurer. Das Geheimnis des Geschäftsmodells ist der Einkauf der Kontingente. Der Dienstebetreiber kauft die Leistungen als Großkunde ein und kann – auch im öffentlichen Verkehr – mit beachtlichen Rabattsätzen rechnen. Die technischen Voraussetzungen einer solchen Roamingplattform mit Check-in- und Be-out-Funktionalitäten sind bereits vorhanden und wurden über einen längeren Zeitraum unter Realbedingungen entwickelt (vgl. Kasten). Der Einkauf der Leistungen beziehungsweise die Organisation der Zugänge ist heute noch eine transaktionskostenintensive Aufgabe. Wenn man diesen Dienst zu Demonstrationszwecken als Feldexperiment auf etwa 1.000 Kunden und ein definiertes Bediengebiet konzentriert, wäre dieser Aufwand allerdings übersichtlich und organisatorisch gut zu realisieren.

Touch & Travel

Das Touch & Travel-Hintergrundsystem der Deutschen Bahn ermittelte automatisch die Fahrtstrecke und den Fahrpreis. Dazu wurden mehrere Parameter kombiniert: das Ein- und Auschecken via Smartphone, die durchquerten Mobilfunkzellen, der *virtuelle Zangenabdruck* bei der Kontrolle sowie die Ist-Fahrplandaten. Die An- und Abmeldung funktionierte anfangs zusätzlich per Barcode-Scan und Near Field Communication mit den namensgebenden Touchpoints, die an den Ein- und Ausstiegsstationen angebracht waren (vgl. Eilmes et al. 2014: 54). Die Nutzerinnen und Nutzer mussten vor dem Fahrtantritt kein Ticket kaufen, sie konnten umsteigen, ohne einen neuen Fahrschein zu lösen und sie bekamen von den Vorgängen im Hintergrundsystem nichts mit. Die Abrechnung erfolgt über das gängige Lastschriftverfahren SEPA. Vergaß der Kunde die Abmeldung – eine häufige Kritik an Check-in/Check-out-Systemen – wurde eine Abmeldung über die kostenlose Hotline erforderlich. Anderenfalls erfolgte eine automatische Sperrung des Vorgangs spätestens 13 Stunden nach dem Check-in. Betrieben wurde das System von der DB Vertrieb GmbH mit Sitz in Frankfurt a.M.

Touch & Travel startete im Oktober 2007 mit der ersten Pilotstufe. Rund 200 Kundinnen und Kunden testeten das System auf den Strecken zwischen den Fernverkehrsbahnhöfen von Berlin, Frankfurt a.M., Köln und Hannover sowie im Nah- und Regionalverkehr in Berlin und Potsdam. Die zweite Pilotstufe folgte im Dezember 2008 mit 2.000 Testkunden. Bereits in den Pilotstufen konnte bei der Ermittlung der zurückgelegten Route und der Zuordnung der Bepreisung eine Genauigkeit von 99 Prozent nachgewiesen werden. Drei Jahre später war das System in allen Zügen des DB-Fernverkehrs verfügbar. Kurz darauf wurde es auf den Nahverkehr im Rhein-Main-Verkehrsverbund ausgeweitet, woraufhin die Regionen Allgäu, Oberfranken und Ostbayern sowie der Verkehrsverbund Rhein-Neckar einstiegen.

Bis zum Ende des Jahres 2013 waren 13 Verkehrsverbünde aus ganz Deutschland beteiligt. Zu dieser Zeit wurde auch der 50.000ste Kunde gezählt und im Durchschnitt 75.000 Fahrten pro Monat über das System abgerechnet. Sogar auf ausgewählten Strecken im benachbarten Ausland war Touch & Travel verfügbar: nach Dänemark (Aarhus, Kopenhagen), Belgien (Brüssel), in die Schweiz (Basel) sowie Italien (Bologna, Venedig). Es blieb jedoch stets ein rein ergänzendes Angebot, so dass weiterhin die üblichen Vertriebswege des jeweiligen Verkehrsverbundes und der Verkehrsunternehmen angeboten wurden. Es gab generell keine vergünstigten Preise, das heißt, es galten in der Regel die Normalpreise, die auch ohne Touch & Travel zu zahlen gewesen wären. Sofern es die Tarifbedingungen des jeweiligen Verkehrsverbundes erlaubten, wurden aber Einzelfahrausweise zu Tagestickets aggregiert, falls dies für die Kundinnen und Kunden preisgünstiger war.

Zum Jahresende 2016 stellt die Deutsche Bahn Touch & Travel ohne weitere Begründung ein (s. Wölbert 2016). Dabei adressierte Touch & Travel eine Reihe jener Probleme, die Verkehrsminister Dobrindt nur kurze Zeit später zu lösen in Aussicht stellte: Die Fahrt durch ganz Deutschland mit nur einem Ticketsystem. Bezogen auf den Nahverkehr deckte das System im Jahr 2015 immerhin 19 Prozent der Fläche Deutschlands ab, auf der etwa 17 Prozent der Gesamtbevölkerung leben (InnoZ 2016: 65). Allerdings waren in den beteiligten Verbundgebieten nicht alle Verkehrsmittel des ÖPNV einbezogen. Beispielsweise funktionierte Touch & Travel im Verkehrs- und Tarifverbund Stuttgart nur in den Regionalzügen und S-Bahnen, während es im Rhein-Main-Verkehrsverbund in sämtlichen Verkehrsmitteln des ÖPNV Anwendung fand. Mit Stand vom Januar 2013 verwendeten rund 56.000 Personen Touch & Travel – bei gleichzeitig ca. 4,9 Millionen BahnCard-Inhabern (Eilmes et al. 2014: 56).

Interessant wären die Effekte dieses Experimentes. Einmal vorausgesetzt, der Dienst würde funktionieren und die komplexe Verkehrswelt, vergleichbar mit dem heutigen Internet, mittels eines Browsers zu einer neuen vielfältigen Optionswelt werden. Die Angebote wären verlässlich und der schon beschriebene Wunsch jederzeit sofort losfahren zu können, wäre einfach und bequem zu realisieren anstelle des bisher so mühseligen Reisens mit Kind und Kegel. Menschen würden erkennen, dass die Bindung an ein eigenes privates Gerät mehr Einschränkungen als Optionen bietet. Vermutlich würden dann mehr als nur die 1.000 Starter diesen Dienst nutzen wollen und vermutlich würden auch die Unternehmen, die mangels Interesse ihren Dienst nicht freischalteten, jetzt auch dabei sein wollen. Und weiterhin würde sehr schnell klar, dass die jetzige Regulierungswelt mit einem zurückgestutzten ÖPNV und einem sehr komplizierten Sharingmarkt aus der Zeit gefallen ist. Wer würde noch einen Fahrschein kaufen wollen, wer würde sich noch bei mehr als fünf verschiedenen Carsharern anmelden wollen? Und natürlich wäre erkennbar, wie ungerecht es ist, dass Menschen einfach Autos vor ihrer Tür stehen haben, obwohl sie diese gar nicht nutzen und der Platz dringlich für gemeinschaftlich genutzte Geräte gebraucht würde. Mit dieser digitalen Perspektive wäre das eigene Auto keine attraktive Option mehr. Vielleicht könnte das Finanzministerium auf den Gedanken kommen, den geldwerten Vorteil eines solchen Angebots pauschal als Paket zu versteuern und die ersten Arbeitgeber hätten einen solchen Dienst als Alternative zum Dienstwagen schnell im Angebot.

Denkt man an die Anfänge des Automobils zurück, dann waren es nicht zuletzt die spektakulären Demonstrationswettkämpfe, die das Auto populär gemacht haben. Denn die Frage zu Beginn des automobilen Zeitalters war ja eine durchaus berechtigte: Wozu braucht man ein solches Gerät? Ein Feldexperiment in dem beschriebenen Sinne sollte jedenfalls das Potenzial haben, die bestehenden Strukturen zu irritieren und eine soziale Praxis zu etablieren, die zeigt, wie es gehen könnte. Die Zukunft braucht nicht nur Ideen und Visionen, sondern auch etwas zum Anfassen, Ausprobieren und zum Angeben. Die Promotoren des

Automobils haben es am Anfang des 20. Jahrhunderts geschafft, dieses damals noch unfertige und schwergängige Gerät zu etwas zu stilisieren, von dem dann doch viele glaubten, dass es wohl die Zukunft bedeuten könnte. In der digitalen Welt müsste ein durchgängiger multioptionaler Dienst es doch auch schaffen, diese Wirkung zu entfalten. Die Gesellschaft ist sicherlich auch durch das private Automobil zu dem geworden, was sie ist. Aber die Gesellschaft muss sich auch weiter entwickeln können. Es scheint fast so, dass sich in der Geschichte des privaten Automobils auch ganz allgemein die Politik Deutschlands widerspiegelt. Ist einmal ein erfolgreiches Modell in Gang gesetzt, tut man sich schwer, Veränderungen an Haupt und Gliedern vorzunehmen. Dabei gerät man unweigerlich in die Defensive, weil keine pro-aktive Reformperspektive entwickelt wird, sondern eine Verteidigungslinie definiert und gehalten wird. Das Digitale und Multioptionale ist sicherlich selbst kein Politikersatz. Aber es könnte eine fortschreitende Entwicklung, sozusagen eine neue Reformperspektive verkehrlich unterstützen. Deutschland hat zwar einen historisch einmalig hohes Wohlstandsniveau erreicht, aber im internationalen Vergleich große Probleme mit der sozialen Durchlässigkeit. Bestehende Eliten werden eher mächtiger, Ausgrenzungen und fehlende Perspektiven deutlich spürbarer und mittlerweile auch vielfältig artikulierungsfähig. Viele ländliche Gebiete, insbesondere in Ostdeutschland, leiden unter sozialer Diskriminierung, die auch durch eine fehlende verkehrliche Anschlussfähigkeit entstanden ist. Man ist und fühlt sich abgehängt. Das private Auto in seiner Form als Massenmotorisierungsmittel der Ersten Moderne hat zu mehr gesellschaftlicher Teilhabe beigetragen, kann aber die derzeitige Kompliziertheit und Unübersichtlichkeit und die sich anders darstellenden Zugänge nicht mehr gewährleisten. Die skandinavischen Länder zeigen schon seit Jahrzehnten, dass die digitalen Optionen auch neue Teilhabechancen bieten. Die klassischen Infrastrukturangebote reichen auch in Schweden oder Finnland längst nicht mehr aus, die notwendigen Integrationsleistungen zu erbringen. Digitale Medien und die damit möglichen neuen Beweglichkeiten schaffen auch neue Optionen für gesellschaftliche Teilhabe. Während das private Automobil der gerätetechnische Kern einer Versprechung auf ein gutes Leben in der Ersten Moderne war, könnten die multioptional und digital vernetzte Welt dies für die Zweite Moderne werden, da sie mehr Optionen und eine bessere Erreichbarkeit als Voraussetzung für eine höhere soziale Durchlässigkeit schaffen. Kein Dauerstau, keine lästigen Verpflichtungen zur Hege und Pflege des privaten Automobils, keinen Stress, den heimischen Fuhrpark zu organisieren und auch zu finanzieren. Warum stundenlang im Auto sitzen, wenn man auch in naheliegenden Co-Working-Arbeitsplätzen, die immer gleich im Bahnhof liegen, dem Job nachgehen kann? Warum sich morgens schon in den Stau einreihen und die schreienden Kinder im Auto ertragen, wenn dies auch durch Mitnahmen anders zu organisieren ist? Die lineare Verlängerung der Privatheit des Lebens in das mobile Wohnzimmer mit gehäkelter Klopapierrolle und der permanenten Sporttasche ist heute kein Zeichen von Autonomie, sondern mehr Ausdruck privater Unorganisiertheit und kultureller Rückständigkeit. Quartiere des Elends, Ort von Kriminalität und Ausgrenzung entstehen – und dies haben jüngste Studien beispielsweise des Wissenschaftszentrums Berlin für Sozialforschung (WZB) gezeigt –, durch städteplanerisch erzeugte und sozialpolitisch unterstützte Immobilität. Satellitenstädte, Bettenburgen und Wohnsiedlungen, die um das private Auto entstanden sind und als Zeichen prosperierender Volkswirtschaften galten, sind heute die sozialpolitischen Brennpunkte. Das private Auto, ursprünglich ein Vehikel für den sozialen Aufstieg, ist in seiner monokulturellen Dominanz und Festschreibung zur Sackgasse gesellschaftlicher Entwicklungen geworden. Die Folgen einer nur auf das Auto fixierten Stadtplanung sind unübersehbar. Die Lebensqualität sinkt, die beweglichen Menschen verlassen diese Quartiere, es fehlt an sozialem Austausch, weil die räumliche Beweglichkeit fehlt – mit der Folge, dass die Segregation steigt und das Armutsrisiko sich erhöht (vgl. Helbig, Jähnen 2018).

Es kommt also einem Kraftakt gleich, zu erkennen, dass die Fixierung auf das private Automobil auf Dauer keine Lösung darstellt – für niemanden. Die Liebe ist definitiv erloschen und sie wird auch nicht wieder zurückkehren.

Literatur

ADAC (2018). Staubilanz 2017, online: https://www.adac.de/der-adac/verein/aktuelles/staubilanz-2017/ (25.5.2018).

ADFC (o.J.). Wir bewegen was! Das verkehrspolitische Programm des ADFC, Berlin, online: https://www.adfc.de/files/2/110/116/Das_verkehrspolitische_Programm_des_ADFC.pdf (12.6.2018)

Agentur für Clevere Städte (2014). Wem gehört die Stadt? Der Flächen-Gerechtigkeits-Report. Mobilität und Flächengerechtigkeit. Eine Vermessung Berliner Straßen, Berlin (https://www.clevere-staedte.de/files/tao/img/blog-news/dokumente/2014-08-05_Flaechen-Gerechtigkeits-Report.pdf, 5.7.2018).

Agora Verkehrswende (2017). 12 Thesen, Berlin (https://www.agora-verkehrswende.de/12-thesen, 25.5.2018).

Agora Verkehrswende, Agora Energiewende und Frontier Economics (2018). The Future Cost of Electricity-Based Synthetic Fuels, Berlin (https://www.agora-verkehrswende.de/fileadmin2/Projekte/2017/SynKost_2050/Agora_SynKost_Study_EN_WEB.pdf, 28.6.2018).

Ahrens, Gerd-Axel (2014). Die Stunde der Wahrheit, Präsentation v. 14.11.2014, online: https://tu-dresden.de/bu/verkehr/ivs/srv/ressourcen/dateien/2013/Schlusskonferenz/SrV2013-Abschluss_Ahrens_2014-11-10.pdf?lang=de (3.7.2018).

Ambrosius, Gerold (2016). Öffentlicher Verkehr und Gemeinwirtschaftlichkeit: Im Spannungsfeld von Eigenwirtschaftlichkeit, Wettbewerb und Regulierung. In: Schwedes, Oliver/Canzler, Weert/Knie, Andreas (Hg.): Handbuch Verkehrspolitik, 2. Aufl., Wiesbaden: Springer VS, S. 449-471. DOI: https://doi.org/10.1007/978-3-658-04693-4_21

Arzheimer, Kai/Klein, Markus (1999). Die Grünen und der Benzinpreis: die Wählerschaft von BÜNDNIS 90/Die Grünen im
Vorfeld der Bundestagswahl 1998. In: ZA-Information/Zen-
tralarchiv für Empirische Sozialforschung, 45, S. 20-43 (http://
nbn-resolving.de/urn:nbn:de:0168-ssoar-199449, 7.7.2018).

Balzer, Paul (2014). Wann, wo wer, was? Das wahre Businessmo-
dell von Uber, online: https://www.google.com/amp/s/t3n.de/
news/uber-businessmodell-587281/amp/ (12.7.2018)

BCS (Bundesverband Carsharing) (2016). Carsharing schafft
mehr Platz zum Leben in den Innenstädten, online: https://
carsharing.de/verband/Publikationen (12.7.2018).

BCS (Bundesverband Carsharing) (2018). Elektrofahrzeuge in
CarSharing-Flotten – Chancen realisieren, Herausforderungen meistern. CarSharing fact sheet Nr. 5, online: https://
carsharing.de/themen/elektromobilitaet/elektrofahrzeuge-
carsharing-flotten-chancen-realisieren-herausforderungen-0
(7.7.2018).

Beck, Ulrich (1986). Die Risikogesellschaft, Frankfurt a.M.: Suhrkamp.

Beck, Ulrich/Beck-Gernsheim, Elisabeth (Hg.) (1994). Riskante
Freiheiten. Individualisierung in modernen Gesellschaften,
Frankfurt a.M.: Suhrkamp.

Becker, Udo (2016). Grundwissen Verkehrsökologie, München:
oekom.

Beckert, Jens (2018). Imaginierte Zukunft. Fiktionale Erwartungen und die Dynamik des Kapitalismus, Berlin: Suhrkamp.

Benz, Carl (1936). Lebensfahrt eines deutschen Erfinders, Leipzig:
Koehler und Amelang.

Berlin/SenUVK (2018). Parkraumbewirtschaftung, online: https://
www.berlin.de/senuvk/verkehr/politik_planung/strassen_kfz/
parkraum/ (12.7.2018).

Bijker, Wiebe (1995). Of bicycles, bakelites, and bulbs. Toward a
theory of sociotechnical change, Cambridge/MA: MIT Press.

BITKOM (2018). Smarthone-Markt. Konjunktur und Trends, on-
line: https://www.bitkom.org/Presse/Anhaenge-an-PIs/2018/
Bitkom-Pressekonferenz-Smartphone-Markt-22-02-2018-
Praesentation-final.pdf (12.7.2018).

Bloomberg (2018). Batteries boom enables world to get half of electricity from wind and solar by 2050, Bloomberg.blog (https://about.bnef.com/blog/batteries-boom-enables-world-get-half-electricity-wind-solar-2050, 6.7.2018).

BMUB (Bundesministerium für Umwelt, Naturschutz, Bau und Reaktorsicherheit)/UBA (Umweltbundesamt) (2017a). Umweltbewusstsein in Deutschland 2016. Ergebnisse einer repräsentativen Bevölkerungsumfrage, Dessau (https://www.umweltbundesamt.de/sites/default/files/medien/376/publikationen/umweltbewusstsein_deutschland_2016_bf.pdf, 7.7.2018).

BMVI (Bundesministerium für Verkehr und digitale Infrastruktur) (2017). Verkehr in Zahlen 2017/2018 (bearbeitet vom Deutschen Institut für Wirtschaftsforschung DIW), Hamburg: DVV Media group.

BMVI (Bundesministerium für Verkehr und digitale Infrastruktur) (2017a). Bericht zum Stand der Umsetzung der Strategie automatisiertes und vernetztes Fahren, online: https://www.bmvi.de/SharedDocs/DE/Publikationen/DG/bericht-avf.html (12.7.2018)

BMVI (Bundesministerium für Verkehr und digitale Infrastruktur) (2018). Mobilität in Deutschland. Kurzreport. Verkehrsaufkommen, Struktur, Trends, Bonn (https://www.bmvi.de/SharedDocs/DE/Anlage/VerkehrUndMobilitaet/mid-2017-kurzreport.pdf?__blob=publicationFile, 4.7.2018).

Budde, Anna (ohne Datum). Peter Paul Raimund Freiherr von Eltz-Rübenach. In: Internetportal Rheinische Geschichte (www.rheinische-geschichte.lvr.de/Persoenlichkeiten/peter-paul-raimund-freiherr-von-eltz-ruebenach/DE-2086/lido/57c6a31620ab00.28222287, 18.05.2018).

Butler, Tim (2017). Kein Vorteil mehr für Diesel. In: BACKGROUND vom 1.8.2017 (https://background.tagesspiegel.de/keine-vorteile-mehr-fuer-diesel, 5.7.2018).

Canzler, Weert (1996). Das Zauberlehrlings-Syndrom. Entstehung und Stabilität des Automobil-Leitbildes, Berlin: edition sigma.

Canzler, Weert (2005). Auf's Wesentliche konzentrieren! Eckpunkte einer Reformagenda für den öffentlichen Verkehr. In: Schöller, Oliver (Hg.): Öffentliche Mobilität. Perspektiven für eine nachhaltige Verkehrsentwicklung, 1. Aufl., Wiesbaden: VS Verlag, S. 239-257. DOI: https://doi.org/10.1007/978-3-322-80685-7_12

Canzler, Weert (2016). Automobil und moderne Gesellschaft. Beiträge zur sozialwissenschaftlichen Mobilitätsforschung, Berlin/Münster: LIT Verlag.

Canzler, Weert/Karl, Astrid/Knie, Andreas (2009). Ordnungspolitische Unübersichtlichkeiten. Der scheinbare Wandel der Staatsfunktionen bei der Regulierung des öffentlichen Verkehrs. In: Botzem, Sebastian/Hofmann, Jeanette/Quack, Sigrid/Schuppert, Gunnar Folke/Straßheim, Holger (Hg.): Governance als Prozess. Koordinationsformen im Wandel, Baden-Baden: Nomos, S. 321-342. DOI: https://doi.org/10.5771/9783845215723-321

Canzler, Weert/Knie, Andreas (2013). Schlaue Netze. Wie die Energie- und Verkehrswende gelingt, München: oekom.

Canzler, Weert/Knie, Andreas (2016). Die Digitale Mobilitätsrevolution. Vom Ende des Verkehrs, wie wir ihn kannten, München: oekom.

Canzler, Weert/Knie, Andreas (2018). Taumelnde Giganten. Gelingt der Autoindustrie der Neuanfang?, München: oekom.

Deutscher Städtetag (2016). »Öffentlicher Raum und Mobilität«. Positionspapier des Deutschen Städtetags, 21. September 2016, online: www.staedtetag.de/imperia/md/content/dst/positions papier_oeffentlicher_raum_mobilitaet_160928.pdf (6.7.2018).

Deutscher Städtetag (2018). Nachhaltige städtische Mobilität für alle. Agenda für eine Verkehrswende aus kommunaler Sicht. Positionspapier des Deutschen Städtetages Berlin/Köln, Juni 2018 (www.staedtetag.de/imperia/md/content/dst/veroeffent lichungen/mat/positionspapier-nachhaltige-staedtische-mo bilitaet.pdf, 25.6.2018).

Deutsches Reich (1910). Statistisches Jahrbuch für das Deutsche Reich. Band 1909, Berlin: Puttkammer & Mühlbrecht.

Die ZEIT (2018). Serie »Sauber durch die Stadt«, online: https://www.zeit.de/serie/sauber-durch-die-stadt (28.6.2018).

Dollinger, Hans (1972). Die totale Autogesellschaft, München: Hanser.

Dudenhöffer, Ferdinand (2016). Wer kriegt die Kurve? Zeitenwende in der Autoindustrie, Frankfurt/New York: Campus.

Dümmler, Oliver (2015). Erfassung und Bewertung der Arbeit von Verkehrsverbünden. Dissertation, Kaiserslautern: Technische Universität Kaiserslautern (https://kluedo.ub.uni-kl.de/front door/index/index/year/2015/docId/4069, 5.7.2018).

Dümmler, Oliver/Hahn, Oliver (2011). Bewohnerparken – aktueller Stand und Hinweise zur Anwendung. In: Handbuch der kommunalen Verkehrsplanung, Berlin.

Eilmes, Berit/Zietz, Axel/Quast, Ferry/Blanckmeister, Corinna/Schmiede, Andreas (2014). CICO-, CIBO und BIBO-basierte ÖPNV-Vertriebssysteme in Ballungsräumen weltweit – Markterkundung. Berlin: BLIC – KCW, online: https://www.kcefm.de/fileadmin/user_upload/images/Dokumente/Markterkun dung_In-Out-Vertriebssysteme_weltweit.pdf (21.11.2015).

Feldtkeller, Andreas (1994). Die zweckentfremdete Stadt. Wider die Zerstörung des öffentlichen Raums, Frankfurt a.M.: Campus.

Flink, James J. (1975). The Car Culture, Cambridge/Massachusetts: MIT Press.

forsa (2017). Mobilität und Verkehr in Baden-Württemberg – Ergebnisse einer repräsentativen Bevölkerungsbefragung in Baden-Württemberg im Auftrag des Ministeriums für Verkehr Baden-Württemberg (https://vm.baden-wuerttemberg.de/fileadmin/redaktion/m-mvi/intern/Dateien/PDF/170725_Telefonumfra ge_Mobilitaet_und_Verkehr_BW_forsa.pdf, 9.7.2018).

Fraunholz, Uwe (2002). Motorphobia – Anti-automobiler Protest in Kaiserreich und Weimarer Republik. Göttingen: Vandenhoeck & Ruprecht. DOI: https://doi.org/10.13109/9783666351372

Geels, Frank (2012). A socio-technical analysis of low-carbon transitions. Introducing the multi-level perspective into transport studies. Journal of Transport Geography 24: S. 471-482. DOI: https://doi.org/10.1016/j.jtrangeo.2012.01.021

Gegner, Martin (2007). Verkehr und Daseinsvorsorge. In: Schöller, Oliver/Canzler, Weert/Knie, Andreas (Hg.): Handbuch Verkehrspolitik, 1. Aufl., Wiesbaden: VS Verlag, S. 455-470. DOI: https://doi.org/10.1007/978-3-531-90337-8_20

Gegner, Martin/Schöller, Oliver (2005). Der Verkehr des Leviathan. Zur Genese des städtischen Verkehrs im Rahmen der Daseinsvorsorge. In: Schöller, Oliver (Hg.): Öffentliche Mobilität. Perspektiven für eine nachhaltige Verkehrsentwicklung, 1. Aufl., Wiesbaden: VS Verlag, S. 44-68. DOI: https://doi.org/10.1007/978-3-322-80685-7_4

Giddens, Anthony (1988). Die Konstitution der Gesellschaft, Frankfurt/New York: Campus.

Götz, Konrad (2007). Freizeit-Mobilität im Alltag oder Disponible Zeit, Auszeit, Eigenzeit – warum wir in der Freizeit raus müssen, Berlin: Duncker & Humblot.

Guber, Tillo/Scherer, Ulrich (2013). Gutachterliche Stellungnahme im Auftrag des Bundesverband Carsharing bcs e.V., 15.11.2013 (www.carsharing.de/sites/default/files/uploads/politik/pdf/rechtsgutachten_guber_scherer_endversion_18.11.2013.pdf, 5.7.2018).

Heinrichs, Eckardt/Schreiber, Michael (2016). Kommunale Stellplatzsatzungen. In: Bracher, Tilmann/Dziekan, Katrin/Gies, Jürgen/Holzapfel, Helmut/Huber, Felix/Kiepe, Folkert/Reutter, Ulrike/Saary, Katalin/Schwedes, Oliver (Hg.): Handbuch der kommunalen Verkehrsplanung. Strategien, Konzepte, Maßnahmen für eine integrierte und nachhaltige Mobilität Loseblattwerk, Berlin.

Helbig, Marcel/Jähnen, Stefanie (2018). Wie brüchig ist die soziale Architektur unserer Städte? Trends und Analysen der Segregation in 74 deutschen Städten, WZB Discussion Paper P 2018-001, Berlin (https://bibliothek.wzb.eu/pdf/2018/p18-001.pdf, 26.7.2018).

Hill, Steven (2015). Raw Deal: How the »Uber Economy« and Runaway Capitalism Are Screwing American Workers, New York: St. Martins's Press.

Hilpert, Thilo (2014). Die funktionelle Stadt. Le Corbusiers Stadtvisionen, Basel: Birkhäuser.

Hughes, Thomas (1993). The Evolution of Large Technological Systems. In: Bijker, Wiebe E./Hughes, Thomas/Pich, Thomas

(Hg.): The Social Construction of Technological Systems. New Directions in the Sociology and History of Technology, Cambridge, Mass.: MIT-Press, S. 51-82.

Hunecke, Marcel (2015). Mobilitätsverhalten verstehen und verändern. Psychologische Beiträge zur interdisziplinären Mobilitätsforschung, Wiesbaden: Springer VS.

Hunsicker, Frank/Knie, Andreas/Lobenberg, Gernot/Lohrmann, Doris/Meier, Ulrike/Nordhoff, Sina/Pfeiffer, Stephan (2017): Pilotbetrieb mit autonomen Shuttles auf dem Berliner EU-REF-Campus – Erfahrungsbericht vom ersten Testfeld zur integrierten urbanen Mobilität der Zukunft. In: Internationales Verkehrswesen (69) 3/2017, Baiersbronn.

ICCT (2015). From Laboratory to Road. White paper (www.theicct. org/sites/default/files/publications/ICCT_LaboratoryToRo ad_2015_Report_English.pdf, 25.6.2018).

Ilgmann, Gottfried/Polatschek, Klemens (2013). Zukunft der Mobilität: Wie viel öffentlichen Personenverkehr werden wir uns leisten können?, Berlin: Collectiv Intelligence Press.

Infas/DLR (2010). Mobilität in Deutschland. Ergebnisbericht, Bonn/Berlin online: https://www.mobilitaet-in-deutschland. de/pdf/MiD2008_Abschlussbericht_I.pdf (12.7.2018)

InnoZ (2016). Mobilitätsmonitor Nr. 2 Berlin. In: Internationales Verkehrswesen, Jg. 68, Ausg. 2, April 2016, S. 49-68 (bearb. von Brehm, Frank et al.), (https://www.innoz.de/sites/default/files/ innoz-mobilitaetsmonitor_nr-3_nov-2016.pdf, 29.6.2018).

InnoZ (2017). Mobilitätsmonitor Nr. 5 Berlin (bearb. von Scherf, Christian et al.) (https://www.innoz.de/sites/default/files/in noz-mobilitaetsmonitor_nr-5_nov-2017.pdf, 5.7.2018).

InnoZ (2018). Mobilitätsmonitor Nr. 6 Berlin (bearb. von Damrau, Lena et al.) (https://www.innoz.de/sites/default/files/innoz-mobil-monitor-6_vorabfassung.pdf, 7.7.2018).

ITF (2015). Urban Mobility System Upgrade. How shared self-driving cars could change city traffic, Paris, online: https://www. itf-oecd.org/sites/default/files/docs/15cpb_self-drivingcars. pdf, 2.7.2018.

ITF (International Transport Forum) (2016). Shared Mobility. Innovation for liveable cities. (https://www.itf-oecd.org/sites/default/

files/docs/shared-mobility-liveable-cities.pdf, 5.7.2018). DOI: https://doi.org/10.1787/5jlwvz8bd4mx-en

ITF (International Transport Forum) (2017). Transition to shared mobility. How large cities can deliver inclusive transport services (https://www.itf-oecd.org/sites/default/files/docs/transition-shared-mobility.pdf, 5.7.2018). DOI: https://doi.org/10.1787/b1d47e43-en

Joerges, Bernward (1992). Große technische System. Zum Problem technischer Größenordnung und Maßstäblichkeit. In: Bechmann, Gottfried/Rammert, Werner (Hg.): Technik und Gesellschaft. Jahrbuch 6: Großtechnische Systeme und Risiko, Frankfurt a.M./New York: Suhrkamp, S. 41-72.

Karl, Astrid (2008). Öffentlicher Verkehr im Gewährleistungsstaat. Der ÖPNV zwischen Regulierung und Wettbewerb, Berlin: edition sigma.

Karl, Astrid (2014). Strukturelle Reformblockaden im öffentlichen Verkehr – Zu den Herausforderungen von Organisation und Rechtsrahmen. In: Schöller, Oliver (Hg.): Öffentliche Mobilität. Perspektiven für eine nachhaltige Verkehrsentwicklung, 2. Aufl., Wiesbaden: Springer VS, S. 71-96. DOI: https://doi.org/10.1007/978-3-658-03302-6_4

Karl, Astrid/Mehlert, Christian/Werner, Jan (2017). Reformbedarf PBefG. Rechtsrahmen für Mobilitätsangebote mit flexibler Bedienung unter besonderer Berücksichtigung des Bedarfs in Räumen und für Zeiten mit schwacher Nachfrage (https://www.kcw-online.de/veroeffentlichungen/kcw-gut achten-zum-reformbedarf-des-personenbefoerderungsgeset zes-pbefg,12.7.2018).

KBA (Kraftfahrtbundesamt) (2017). Fahrzeugzulassungen (FZ). Neuzulassungen von Kraftfahrzeugen und Kraftfahrzeuganhängern nach Herstellern und Handelsnamen im Jahr 2016, FZ 4, Flensburg (https://www.kba.de/SharedDocs/Pub likationen/DE/Statistik/Fahrzeuge/FZ/2016/fz4_2016_pdf. pdf?__blob=publicationFile&v=2, 2.7.2018).

Kirchberg, Peter (1999). Der automobile Mangel – Anmerkungen zu den Grundlagen der Automobilkultur in der DDR. In: Schmidt, Gert (Hg.): Technik und Gesellschaft, Jahrbuch 10:

Automobil und Automobilismus, Frankfurt/New York: Campus, S. 237-250.

Klenke, Dietmar (1995). »Freier Stau für freie Bürger«. Die Geschichte der bundesdeutschen Verkehrspolitik, Darmstadt: Wissenschaftliche Buchgesellschaft.

Knie, Andreas (1994). Wankel-Mut in der Autoindustrie. Anfang und Ende einer Antriebsalternative, Berlin: edition sigma.

Knie, Andreas (1997). Eigenraum und Eigenzeit: Zur Dialektik von Mobilität und Verkehr. In: Soziale Welt, 47. Jg., Heft 1, S. 39-55.

Knie, Andreas (2005). Das Auto im Kopf. Die Auswirkungen moderner Verkehrsinfrastruktur auf die Mobilität der Bevölkerung im ländlichen Raum. In: Zeitschrift Für Agrargeschichte und Agrarsoziologie, 53. Jg., Ausg. 1, S. 59-69.

Knie, Andreas/Rammler, Stephan/Zimmer, Wiebke (2016). Mut zur Zukunft. In: Internationales Verkehrswesen, Jg. 68, Ausg. 3/September 2016, S. 10-12.

Kopp, Johanna/Gerike, Regine/Axhausen, Kai E. (2015). Do sharing people behave differently? An empirical evaluation of the distinctive mobility patterns of free-floating car-sharing members. Transportation 42, S. 449-469. DOI: https://doi.org/10.1007/s11116-015-9606-1

Kucklick, Christoph (2016). Die granulare Gesellschaft – Wie das Digitale unsere Wirklichkeit auflöst, Berlin: Ullstein.

Kuhm, Klaus (1997). Moderne und Asphalt – Die Automobilisierung als Prozeß technologischer Integration und sozialer Vernetzung, Pfaffenweiler: Centaurus-Verlagsgesellschaft.

Kuhnimhof, Tobias/Buehler, Ralf/Dargay, Joyce (2011). A New Generation. Transportation Research Record: Journal of the Transportation Research Board 2230: S. 58-67. DOI: https://doi.org/10.3141/2230-07

Lange, Steffen/Santarius, Tilman (2018). Smarte grüne Welt? Digitalisierung zwischen Überwachung, Konsum und Nachhaltigkeit, München: oekom.

Latour, Bruno (1996). Aramis or the Love of Technology, Cambridge/Massachusetts, London/England: Harvard University Press.

Lattmann, Jens (2009). Die Zukunft der Daseinsvorsorge in Deutschland aus kommunaler Perspektive. In: Krautscheid, Andreas (Hg.): Die Daseinsvorsorge im Spannungsfeld von europäischem Wettbewerb und Gemeinwohl – Eine sektorspezifische Betrachtung, Wiesbaden: VS Verlag, S. 419-433. DOI: https://doi.org/10.1007/978-3-531-91841-9_18

Lay, Maxwell G. (1994). Die Geschichte der Straße – Vom Trampelpfad zur Autobahn, 2. Aufl., Frankfurt a.M./New York: Campus.

Leibfried, Stephan/Zürn, Michael (2006). Von der nationalen zur post-nationalen Konstellation. In: Leibfried, Stephan/Zürn, Michael (Hg.): Transformation des Staates?, Frankfurt a.M.: Suhrkamp, S. 19-65.

Linke, Benjamin (2010). Die Gewährleistung des Daseinsvorsorgeauftrags im öffentlichen Personennahverkehr, Baden-Baden: Nomos. DOI: https://doi.org/10.5771/9783845223025

Mau, Steffen (2017). Das metrische Wir. Über die Quantifizierung des Sozialen, Berlin: Suhrkamp.

Mayntz, Renate (1993). Große Technische Systeme und ihre gesellschaftstheoretische Bedeutung. In: Kölner Zeitschrift für Soziologie und Sozialpsychologie. 45. Jg. Heft 1, S. 97-108.

Merki, Christoph Maria (2002). Der holprige Siegeszug des Automobils 1895-1930 – Zur Motorisierung des Strassenverkehrs in Frankreich, Deutschland und in der Schweiz, Wien/Köln/Weimar: Böhlau.

Merki, Christoph Maria (2008). Verkehrsgeschichte und Mobilität, Stuttgart: Eugen Ulmer.

Meyer, Uli (2005). Entwicklungsperspektiven von ÖV und MIV – Von der Divergenz zur Konvergenz? In: Schöller, Oliver (Hg.). Öffentliche Mobilität – Perspektiven für eine nachhaltige Verkehrsentwicklung, Wiesbaden: VS Verlag, S. 194-215. DOI: https://doi.org/10.1007/978-3-322-80685-7_10

Monheim, Heiner (1979). Grundzüge einer alternativen Stadtverkehrsplanung. In: Technologie und Politik, Nr. 14, Reinbek bei Hamburg: Rowohlt.

MOP (Deutsches Mobilitätspanel) (2014). Deutsches Mobilitätspanel (MOP) – Wissenschaftliche Begleitung und Auswertungen Bericht 2014/2015: Alltagsmobilität und Fahrleistung, Karlsruhe: Karlsruher Institut für Technologie (KIT), Institut für Verkehrswesen (https://mobilitaetspanel.ifv.kit.edu/down loads/Bericht_MOP_14_15.pdf, 9.7.2018).

Möser, Kurt (2002). Geschichte des Autos, Frankfurt a.m./New York: Campus.

Nordhoff, Sina/De Winter, Joost/Kyriakidis, Miltos/Van Arem, Bart/Happee, Riender (2018). Acceptance of driverless vehicles: Results from a large cross-national questionnaire study. Journal of Advanced Transportation, Article ID 5382192, 22 pages.

Notz, Jos Nino (2016). Die Privatisierung öffentlichen Raums durch parkende KFZ. Von der Tragödie der Allmende – über Ursache, Wirkung und Legitimation einer gemeinwohlschädigenden Regulierungspraxis. IVP-Discussion Paper, Berlin (https://www.ivp.tu-berlin.de/fileadmin/fg93/Dokumente/Di scussion_Paper/DP10_Notz_Privatisierung_%C3%B6ffentli chen_Raums_durch_parkende_Kfz.pdf, 5.7.2018).

Nübel, Otto (1997). Die Geschichte des privaten Omnibusgewerbes in Baden-Württemberg, Filderstadt: Weinmann.

Quaschning, Volker (2016). Sektorkopplung durch die Energiewende. Anforderungen an den Ausbau erneuerbarer Energien zum Erreichen der Pariser Klimaschutzziele unter Berücksichtigung der Sektorkopplung, Berlin: Hochschule für Technik und Wirtschaft (HTW) (https://www.volker-quaschning. de/publis/studien/sektorkopplung/Sektorkopplungsstudie. pdf, 27.6.2018).

Radkau, Joachim (1989). Technik in Deutschland – Vom 18. Jahrhundert bis zur Gegenwart, Frankfurt a.M.: Suhrkamp.

raumkom (Institut für Raumentwicklung und Kommunikation) und Wuppertal Institut (2011). Evaluationsbericht der Fahrradmarketingkampagne »Radlhauptstadt München«. Kurzfassung des Endberichts zur Evaluation »Radlhauptstadt München« (https://www.ris-muenchen.de/RII/RII/DOK/SIT ZUNGSVORLAGE/2497925.pdf/, 12.7.2018)

Reckwitz, Andreas (2017). Die Gesellschaft der Singularitäten. Zum Strukturwandel der Moderne, Berlin: Suhrkamp.

Richter, Michael (2007). Car-Sharing. Nachhaltig mobil – eine rechtliche Einordnung, Marburg: Tectum.

Ruhrort, Lisa (i.E.). Transformation im Verkehr? Erfolgsbedingungen verkehrspolitischer Maßnahmen im Kontext veränderter Verhaltens- und Einstellungsmuster. Dissertationsschrift, eingereicht bei der Fakultät I der Technischen Universität Berlin am 29.9.2017.

Ruhrort, Lisa/Steiner, Josephine/Graff, Andreas/Hinkeldein, Daniel/Hoffmann, Christian (2013). Carsharing with electric vehicles in the context of users' mobility needs – results from user-centred research from the BeMobility field trial (Berlin). International journal of automotive technology and management 14, S. 286-305. DOI: https://doi.org/10.1504/IJATM.2014.065294

Sachs, Wolfgang (1984). Die Liebe zum Automobil. Ein Rückblick auf die Geschichte unserer Wünsche, Reinbek: Rowohlt.

Sawall, Achim (2017). Deutschland schafft die Papierfahrscheine ab. Online-Artikel vom 6. Januar 2017, online: http://glm.io/125444 (8.1.2017).

Scheiner, Joachim (2016). Verkehrsgeneseforschung: Wie entsteht Verkehr? In: Schwedes, Oliver/Canzler, Weert/Knie, Andreas (Hg.): Handbuch Verkehrspolitik, Wiesbaden: Springer VS. DOI: https://doi.org/10.1007/978-3-658-04693-4_30

Scheiner, Joachim/Holz-Rau, Christian (2007). Travel mode choice: affected by objective or subjective determinants? Transportation 34(4), S. 487-511. DOI: https://doi.org/10.1007/s11116-007-9112-1

Schelsky, Helmut (1955). Wandlungen der deutschen Familie in der Gegenwart. Darstellung und Deutung einer empirisch-soziologischen Tatbestandsaufnahme, Stuttgart.

Scherf, Christian (2018). Volle Fahrt à la carte? – Mobilitätskarten als Vermittlungsversuche zwischen sozialen Welten, München: oekom.

Schivelbusch, Wolfgang (1977). Geschichte der Eisenbahnreise: Zur Industrialisierung von Raum und Zeit im 19. Jahrhundert, München/Wien: Hanser.

Schönduwe, Robert/Lanzendorf, Martin (2014). Mobilitätsverhalten von Heranwachsenden und Möglichkeiten zur Bindung an den ÖPNV. Eine Synthese des Forschungsstandes von deutschsprachiger und internationaler Forschungsliteratur, Frankfurt a.M.: Univ.-Bibliothek Frankfurt a.M.

Sombart, Werner (1909). Die deutsche Volkswirtschaft im neunzehnten Jahrhundert, Berlin: Georg Bondi.

Statista (2018). Pendler nach Entfernung zwischen Wohnung und Arbeitsstätte in den Jahren 1996 und 2012 (https://de.statista.com/statistik/daten/studie/70404/umfrage/pendler-nach-entfernung-zwischen-wohnung-und-arbeitsstaette, 28.6.2018).

Statistisches Bundesamt (2018). Bevölkerung – Eheschließungen – Ehescheidungen, online: https://www.destatis.de/DE/Zahlen Fakten/GesellschaftStaat/Bevoelkerung/Ehescheidungen/Tabellen_/lrbevo6.html (26.6.2018)

UBA (Umweltbundesamt) (2017). Klimabilanz 2016: Verkehr und kühle Witterung lassen Emissionen steigen. Pressemitteilung Nr. 09/2017 vom 20.03.2017.

Urry, John (2007). Mobilities, Cambridge: Polity Press.

VCD (2016). VCD Position: Rückeroberung der Straße. (https://www.vcd.org/fileadmin/user_upload/Redaktion/Publikationsdatenbank/Fussverkehr/2016_Position_Rueckeroberung_der_Stasse.pdf, 9.7.2018).

VDA (Verband der Deutschen Automobilindustrie) (2016). Jahresbericht 2016, Frankfurt a.M., (https://www.vda.de/de/services/Publikationen.html, 12.7.2018).

Welzer, Harald (2011). Mentale Infrastrukturen. Wie das Wachstum in die Welt und in die Seelen kam. Schriften zur Ökologie der Heinrich Böll Stiftung, Berlin.

Werner, Jan (2017). Willigen Kommunen den Weg zur Verkehrswende frei machen – so kann es gehen. Präsentation bei der Fachkonferenz »Verkehrswende und Straßenverkehrsrecht«, Berlin, 1.7.2017 (https://www.vcd.org/fileadmin/user_upload/Redaktion/Themen/Verkehrspolitik/Strassenverkehrsrecht_20160601_Werner_kcw_-_Willigen_Kommunen_Weg_frei_machen.pdf, 5.7.2018)

Werner, Jan/Karl, Astrid (2017). Marktwirkungen »digitalisierter Mobilität« und damit verbundene Herausforderungen ihrer Regulierung. In: Verkehr und Technik 5/2018, S. 164-172.

Wille, Joachim (2017). Mein Diesel, Beitrag im Blog »Klimaretter«
vom 4.9.2017, online: www.klimaretter.info/mobilitaet/hin
tergrund/23605-mein-diesel (26.6.2018).

Wimmer, Jeffrey/Hartmann, Maren (2014). Mobilität und Mobilisierung. In: Wimmer/Hartmann (Hg.): Medienkommunika-
tion in Bewegung. Mobilisierung – Mobile Medien – Kommu-
nikative Mobilität, Wiesbaden: Springer VS, S. 11-30.

Wölbert, Christian (2016). Mobilitäts-Apps: Bahn entwickelt Qix-
xit weiter, stellt Touch and Travel ein. In: heise online, veröf-
fentlicht: 31. August 2016, online: www.heise.de/newsticker/
meldung/Mobilitaets-Apps-Bahn-entwickelt-Qixxit-weiter-
stellt-Touch-Travel-ein-3307565.html, 10.7.2018).

Wolf, Winfried (1992). Eisenbahn und Autowahn – Personen- und
Gütertransport auf Schiene und Straße. Geschichte, Bilanz,
Perspektiven, Hamburg: Rasch und Röhring.

Soziologie

Sighard Neckel, Natalia Besedovsky, Moritz Boddenberg,
Martina Hasenfratz, Sarah Miriam Pritz, Timo Wiegand
Die Gesellschaft der Nachhaltigkeit
Umrisse eines Forschungsprogramms

Januar 2018, 150 S., kart.
14,99 € (DE), 978-3-8376-4194-3
E-Book kostenlos erhältlich als Open-Access-Publikation
PDF: ISBN 978-3-8394-4194-7
EPUB: ISBN 978-3-7328-4194-3

Sabine Hark, Paula-Irene Villa
Unterscheiden und herrschen
Ein Essay zu den ambivalenten Verflechtungen
von Rassismus, Sexismus und Feminismus
in der Gegenwart

2017, 176 S., kart.
19,99 € (DE), 978-3-8376-3653-6
E-Book
PDF: 17,99 € (DE), ISBN 978-3-8394-3653-0
EPUB: 17,99 € (DE), ISBN 978-3-7328-3653-6

Anna Henkel (Hg.)
10 Minuten Soziologie: Materialität

Juni 2018, 122 S., kart.
15,99 € (DE), 978-3-8376-4073-1
E-Book: 13,99 € (DE), ISBN 978-3-8394-4073-5

**Leseproben, weitere Informationen und Bestellmöglichkeiten
finden Sie unter www.transcript-verlag.de**

Soziologie

Robert Seyfert, Jonathan Roberge (Hg.)
Algorithmuskulturen
Über die rechnerische Konstruktion der Wirklichkeit

2017, 242 S., kart., Abb.
29,99 € (DE), 978-3-8376-3800-4
E-Book kostenlos erhältlich als Open-Access-Publikation
PDF: ISBN 978-3-8394-3800-8
EPUB: ISBN 978-3-7328-3800-4

Andreas Reckwitz
Kreativität und soziale Praxis
Studien zur Sozial- und Gesellschaftstheorie

2016, 314 S., kart.
29,99 € (DE), 978-3-8376-3345-0
E-Book: 26,99 € (DE), ISBN 978-3-8394-3345-4

Ilker Ataç, Gerda Heck, Sabine Hess, Zeynep Kasli,
Philipp Ratfisch, Cavidan Soykan, Bediz Yilmaz (eds.)
**movements. Journal for Critical Migration
and Border Regime Studies**
Vol. 3, Issue 2/2017:
Turkey's Changing Migration Regime
and its Global and Regional Dynamics

2017, 230 p., pb.
24,99 € (DE), 978-3-8376-3719-9